U0456283

中华经典研习丛书

弟子规 通解

钟茂森 著

团结出版社

图书在版编目（CIP）数据

弟子规通解 / 钟茂森著. -- 北京：团结出版社，
2024.3

（中华经典研习丛书）

ISBN 978-7-5234-0284-9

Ⅰ.①弟… Ⅱ.①钟… Ⅲ.①《弟子规》—注释
Ⅳ.①H194.1

中国国家版本馆CIP数据核字(2023)第133169号

出版：团结出版社

（北京市东城区东皇城根南街84号 邮编：100006）

电话：(010) 65228880　　65244790　（传真）

网址：www.tjpress.com

Email：65244790@163.com

经销：全国新华书店

印刷：北京天宇万达印刷有限公司

开本：145×210　1/32

印张：61.25

字数：1257千字

版次：2024年3月　第1版

印次：2024年3月　第1次印刷

书号：978-7-5234-0284-9

定价：192.00元（全六册）

序　言

　　《弟子规》是中华传统文化一个家庭教育的课本。它是以圣贤之道，来指导我们的生活。目的是为了让我们人人通过学习圣贤的教诲，落实圣贤的教诲，获得幸福成功的人生，乃至于成圣成贤。我们知道，一个人的幸福成功，都要以道德品行作为根基，而道德品行最好的教材就是《弟子规》。

　　许多人认为《弟子规》是小孩子学的，大人就不用学习了。实际上这是一种错误的观念，"弟子规"三个字"规"是规矩，"弟子"是什么意思？是学生的意思。谁的学生？圣人的学生。

　　《弟子规》是根据孔老夫子《论语·学而篇》第六条"子曰：弟子入则孝，出则弟，谨而信，泛爱众，而亲仁，行有余力，则以学文"这句话，作为整篇的纲目来进行开解的。《弟子规》是孔老夫子要求他的学生们必须做到的。孔老夫子的学生颜回、子贡、子路、冉求都不是小孩子，他们都是成年人，都是大贤大德之人，都是力行《弟子规》的典范。我们想要做圣贤人的好弟子，就必须要在生活规范方面去扎根，而《弟子规》就是扎根的教育，是让我们能够得到幸福、成功的人生，成圣成贤的根基。因此男女老少，各行各业都要学习，也都应该落实到生活中去。

孔老夫子说他是述而不作，所叙述的都是古圣先贤之道，是转述前贤的教诲。

首先要明了为什么孩子要学《弟子规》。《易经》上说："蒙以养正圣功也。""蒙"是童蒙。童蒙养正，在孩子幼年的时候培养他的正知正见，奠定德行的根基，这种教育是圣人的功业。

因为祖国的未来就掌握在孩子的手里。如果一个孩子没有德行，纵然他有科学知识，将来必定会形成让社会混乱的一种力量。而且他越有科学知识，但是没有品行就越危险。社会上流传着这样一句话："有才无德是毒品"，我们要培养的是有德、有才的好孩子。现在的社会普遍都强调功利、强调竞争，都以"利"作为行为的准则。如果这个事情有"利"，大家就趋之若鹜去做了。如果没"利"可图，大家就都不愿意干。久而久之在"利"面前，人们就会忘记了道义。

记得小的时候，因为很爱邮票，所以也很喜欢集邮，邻居家的小孩也有这个爱好，我们两个就成了朋友。结果当我看到邻居家小孩的邮票都很珍贵，也很漂亮时，心里就起了贪念，想方设法要把对方的邮票骗到手。我的年龄比邻居的孩子大一些，也有一点口才，所以邻居家的小孩很听我的话。于是我就拿着自己那些普通的邮票，跟邻居家的小孩说多么多么的珍贵，说他的邮票其实并不珍贵、很普通，如果愿意我们可以交换。结果就这样把邻居家孩子的邮票，都骗到我的集邮本上了，把我的普通邮票都换给了他。

大概过了一两个星期，邻居家孩子的父母就找到我们家来了。

可能是邻居家的小孩把邮票册给他父母看了，父母看到之后大吃一惊，为什么珍贵的邮票都不见了，换成了普通邮票。一问之下，就把我这个骗局给问穿了，然后找到我的父母。我记得当时我的母亲看到我这样的一种行径，心里面非常沉重，她二话不说就把我骗来的所有邮票都还给了邻居，而且那些普通邮票也都不要了。当邻居父母走了以后，母亲就用一种很平淡，但是又很严厉的口吻对我说："茂森，如果你要再发生这样的情形，我就要把你的这些邮票都烧掉了。因为我不想让你为了邮票，而道德品质堕落。"《弟子规》讲"德有伤，贻亲羞"，虽然母亲只是讲了简简单单一两句话，可是自己就觉得非常的羞愧。

我还算是有一个优点，听父母的话，"父母教，须敬听，父母责，须顺承"。于是就向父母保证，今后再也不会发生这样的情况，一定要做一个正直的人。这是我在小学时候发生的情况，自从那次父母给我教训以后，我再也不敢用这种欺骗的行为，来满足自己的欲望。

父母有这样的教育意识，就可以帮助孩子保持在正道中。如果我的父母，在这种情况下纵容、包庇我的话，今天我就不能坐在这里跟大家谈《弟子规》了，那可能是一个道德堕落的人了。这种情况都是在孩子萌发出微小、不正念头的时候，就应该帮助孩子杜绝掉的。如果纵容、包庇，不能正确地引导孩子，将来可能会酿成人生的悲剧。因为在孩子心目中只有利、没有义，这是很危险的事情。

曾经有一则新闻报道，一个十三四岁的孩子，为了获得一个手机，竟然把他的父母亲都给毒死。为什么要毒死父母？因为家里穷，没有钱买手机，如果毒死父母，就会有一笔人寿保险金，他想用人寿保险金去买手机。这令人发指而又真实的案子，追究根源，都在于从小失掉了伦理道德的教育。一个家庭没有教育，家庭会堕落；一个社会如果没有伦理道德教育，这个社会必定会混乱。

我们希望社会和谐、世界和谐，用什么方法能够达到？用我们传统的伦理道德教育，便是最好的方法。和谐社会、和谐世界，根源在于人心，人心都能够向善，都能够遵循伦理道德，这个社会，这个世界不就是太平盛世了吗？

中国古代的经典《礼记·学记》篇讲："建国君民，教学为先。"教育对我国的国民重要，对世界人民也同样重要。特别是在利与义面前，一定要懂得分辨清楚，如果脚跟稍微不稳，就容易堕落。

美国摩根斯坦利是一家著名的投资银行。它的一位华裔女副总裁，被发现暗中用公司的内幕消息，与她的丈夫、家人一起连手进行内幕交易。这是一种严重的违法行为。而这个女副总裁不仅是高级知识分子，她的年薪也是相当丰厚的，应该没有理由干出这种违法的事情。

法庭对她判处了十八个月的监禁，对她的罚款也非常重，公司也把她开除了。一夜之间就搞得身败名裂、倾家荡产。归根究底就是没有伦理道德根基。这是古人讲的没有读圣贤书之过，在利益和道义之间，她不能够站稳脚跟，为了贪取一时的财利，丢弃了做人应有的品德，其结果便是身败名裂。

一个行为正直的有德君子，是绝对不会用贪取的手法来赚取钱财的。

《大学》上讲："德者本也，财者末也。"财富就像一棵树的枝条、花叶，看起来是很不错、很美，但是它的根是要在土地里。根扎得深，这棵树的枝条、花叶才能得以长久。根是什么？是德！德是根本。有德的人，自然就有财。无德的人，贪不义之财反而很快就会家破人亡，倾家荡产。因此，孩子从小就要给他培植道德理念。而道德的根本，是孝道！

《孝经》上讲："夫孝，德之本也，教之所由生也。"孝顺父母是一切道德的根本。一切的圣贤教育，都从孝开始教起。而《弟子规》从头到尾，就是教一个孝字。孝是根基，一个人懂得了孝，他的德就展开了，他的人生态度就能得到提升了，幸福也就随之而来。

因为，当我们有优良品德的时候，自然就能够召感幸福的人生、成功的事业，能够在社会上立于不败之地，无论走到哪里都能受人尊敬。这不是很幸福的一件事情吗？所以，无论您现在做什么行业，都要学习《弟子规》。

孔子教学，四门教育，第一是德行，第二是言语，第三是政事，第四是文学。四门教育首重德行教育，而《弟子规》正是最好的德行教育。无论从事什么行业，行业就是第三条政事，第二条言语是教我们如何说话，如何与人交往。虽然行行出状元，但只有在德行和言语成就了以后，我们所从事的政事，才能够真正成功。因为事业有根，将来才能够发达。文学是讲文艺、精神生活方面的情趣、爱好。同样因为有了德行，在情趣爱好方面，精神境界才能高尚。

在北京，有位拥有一百多员工的企业老总，他推行了《弟子规》

教育，结果发现，过去非常难管的企业，现在好管了。员工们都用《弟子规》来指导自己的言行，做老板的不用去细致地管理员工了，因为员工按照《弟子规》形成了自我约束的体制。

我有幸看到这个企业一些员工学习《弟子规》写下的心得。其中有一位年轻的女士，她在分享学习体会中说到，她没有学习《弟子规》以前，很喜欢下了班就去ＫＴＶ歌厅里面唱歌，一唱就到很晚。父母很担心女儿，这个女儿不但没有体会父母的关怀，反而赌气说不要你管。这是在没有学《弟子规》之前的状况。

后来，在公司里学《弟子规》，结果发现原来《弟子规》所讲的很多条自己都犯了。经过反省、检点，她决心改正过失，自此以后她戒了去ＫＴＶ歌厅的坏习惯。

通过学习，她发现其实在ＫＴＶ场所里面喝酒、唱歌、发泄，只是痛苦暂时的结束，就像人吸毒一样暂时麻醉了自己，清醒以后烦恼会更多。她反省说，有一天从ＫＴＶ歌厅回到家已近午夜了，由于睡得很晚，第二天起来也晚了，一看表快要到上班的时间了，就赶紧冲出门外。可是车到半路，突然想起自己忘记带考勤卡了，上班没有考勤卡，就等于旷工。没办法只好又返回家里去取考勤卡。等再从家里出来上车的时候，遇到路上堵车。时间越拖越晚，结果上班迟到了，整个上午她的心情都很不好。就为了晚上的狂欢，暂时地去麻醉自己，结果第二天反而心情更不好。她悟到这点，以后又学习了《弟子规》，知道"斗闹场，绝勿进"，而这些场所不会给人带来真正的快乐。

她明白了，要孝顺父母，决定回家给父母做一顿饭。以前都是母亲占据着厨房，自己平时很少做饭，所以做起菜来并不是很熟练。母亲在旁边很关怀地看着她，想要帮助她做些事情。看到母亲这个样子，她就对妈妈说："妈妈，今天从头到尾都让我来，你这个地盘今天让给我"。

这时看到妈妈微笑的神情，女儿的心里也觉得很踏实、很欣慰。好不容易把三菜一汤端到了饭桌上，父母跟她一起来享用，当父亲夹了第一口菜送到嘴里以后，女儿就问父亲说："爸爸，今天我做的饭菜做得怎么样？"父亲已经乐得合不拢嘴了，连连说："好吃好吃，女儿做的菜，比你妈做得还好吃。"这个女儿后来反省说："其实我做的饭菜，哪比得上我妈妈做的，但这却是自己用孝心做的饭菜，所以父母觉得是最好吃的。"妈妈在旁边也笑着说："这回女儿来了，我就该下岗了。"此时这个女儿真切体会到亲情的温暖。突然之间，她觉得原来真正的快乐，不是从KTV歌厅那里能得到的。孝顺的温情，真正让我们得到幸福快乐。她在写给公司老总的信中讲道："其实孝顺并不难，幸福也并不遥远。"她特别表露出，自己对公司老总让大家学习《弟子规》的那份感恩之情，那真正是由心而发的，让我们看了都很感动。

一个公司能够用《弟子规》来教导自己的员工，让员工在这个公司里面，也得到亲情的温暖。这个老总看了员工分享的心得报告后，还常常批些字。比如说，当看到刚才讲的这位员工的分享以后这个老总批道："恭喜你感受到孝亲的幸福，找到依从经典教诲，就会得到真正快乐的正道。这是你善于力行结出的甘美果实。坚持走下去，我们不再过仅仅是痛苦暂时停止的迷茫日子，我们要过明明白白，从快乐到快乐的日子。"

想想看，当这个员工接到老总的这一段批语，心里是什么感受。一个公司的领导、一个国家的领导，不仅是做领导，他实际身兼三重角色，所谓"作之君、作之亲、作之师"。"君"就是领导，是要管理、带领员工。还要作之亲，"作之亲"，就是做员工的父母，以父母之心对待员工，让员工得到家人一般的温暖。还要"作之师"，对员工来说，领导也是老师，要以身作则，为自己的员工做出好样子，用正理、正道来教导员工。这样员工对于老总的感恩之情，自然能够表露在他的工作里面。员工懂得了为人之道，能不为自己的公司认真干活吗？以前天天监督员工，看有没有缺勤，有没有为谋私利来骗取公司的钱财，有没有用公款请客吃饭回来报销，现在这些操心的事情几乎没有了，老总带领员工们一起学习《弟子规》，这个公司成了一个和谐的团体。"家和万事兴"，他们的业绩也越来越发达。

现在很多企业的老板，都意识到学习《弟子规》的重要性，他们在报纸上登广告招募员工的时候，都附加一个条件，必须要会背《弟子规》，懂得《弟子规》道理的员工我们才要。这些老总都很聪明，他懂得选拔员工第一要看他的人品，然后再看他的能力。对于一个将要踏入社会找工作的年轻人来说，第一要重视品德的培养。先要有良好的品德，再加上有一门技术、一种能力，无论到哪一个工作单位都是受人欢迎的。

《弟子规》运用到企业管理，企业一定会兴旺发达。用到家庭里面，也一定会让家庭和睦。我学习传统文化的时候，有很多感人的见闻。其中有一位姚女士，她脾气很大，常常跟她的先生、婆婆吵架，总是一点小事就会引起争执。她们家是小吵天天有，大吵三六九。有一次姚女士听了《弟子规》课程。当她听到五伦关系，讲到夫妇这一伦，老师们教夫妇之间，要懂得遵守一个原则，必定能够夫妇和睦。什么原则？就是"各相责，天翻地覆；各自责，天清地宁"。如果夫妇之间互相责备，一点小事互不让步，整个家里就会搞得天翻地覆。当夫妇之间懂得自责，比如说丈夫走路的时候，不小心把一个茶杯给碰翻了，这个先生马上向太太道歉："对不起，对不起，我刚才太鲁莽了，把这杯茶给碰翻了。"然后立即就拿抹布，把地上的茶水都擦干净。太太在旁边看了，她一定会说："没关系，没关系，不就是一杯茶。"这样互相就会原谅，天清地宁。假如丈夫碰倒了茶，不但不承认错误，反而说："你怎么偏偏把这杯茶端到这儿，让我碰倒洒了一地。"你想太太听到这句话，她心里什么感受，两个人可能就对吵起来。

古圣先贤教诲我们，如何真正做到和谐？反求诸己，错误都是我的。哪怕是对方有错，还是要把这个错误归到自己身上。过要归于己，功要推给人。这样就能够把一切的矛盾、对立、冲突化解了。不能化解对立、不能化解冲突，都是因为自己心中有强烈的"我"的概念。心中念念有个"我"，就会导致家庭不和，乃至于团体不和、社会不和、国与国不和。

所以"各相责，天翻地覆；各自责，天清地宁"，这是处理好人与人之间关系、族群团体之间关系，乃至国家与国家之间关系的一条真理。

当这位姚女士明白了这个道理以后，回到家里她决心改变自己的心态，学着处处宽恕自己的先生，宽恕自己的婆婆，只看他们的优点。结果发现，其实自己的先生也有很多优点，婆婆也很可爱。夫妻之间懂得感恩，家庭很快恢复了和谐的局面。

这位姚女士在分享的时候说："我今年四十岁，我有信心活到八十岁。以前做得不对，现在学了《弟子规》要重新做人。"她已经体会到人生的幸福、快乐不在外。当我们改变心态，以谦虚、恭敬、感恩的态度，对待我们身边所有的人，原来自己就已经得到幸福了。这就是《弟子规》教育的作用。

《弟子规》不仅对一般人有这样良好的教育效果，而且对很多在监狱里面服刑的人员，都有良好的教育效果。在用《弟子规》教化服刑人员的工作上，海南省走在了前头。

海南省监狱的领导，他们搞了试点，不再用以往简单机械的说教形式，而是以传统文化《弟子规》来教育服刑人员。结果发现用传统教育改造服刑人员，效果非常好。许多以前脾气暴躁、性格很坏的服刑人员，现在都变得非常的恭顺有礼，而诀窍就是用孝道来教育。

例如有一位服刑人员，学了《弟子规》以后痛哭流涕，反省自己是一个大不孝的人，父母辛辛苦苦养大了自己，没想到由于自己的犯罪，让年迈的父母这样忧心。他认识到自己的过错以后，就不再要求父母给他送钱了。每次打电话的时候都会安慰父母，问父母身体怎么样了。父母给他钱，他都说不要给我，我够用了，你们自己留着用。以往监狱里的干警与服刑人员的关系都很紧张，当干警和服刑人员同时学习了《弟子规》后，干警主动对服刑人员尊重、礼貌。每次跟服刑人员谈话的时候，都很有礼貌地请服刑人员进来。先请坐，再请喝茶。服刑人员刚开始听到干警口口声声说"请"字的时候，心里觉得还有点害怕，不知道今天会发生什么事情。后来才慢慢地理解了，这是干警学习《弟子规》以后的转变，这让服刑人员很感动。

例如有一个干警给服刑人员开会的时候，第一句话就说："过去我做了很多对不起你们的事情，今天要向你们道歉。学习了《弟子规》，以后我一定会对你们尊重和爱护，要像父母对你们一样。"话一说完，台下很多服刑人员抱头大哭起来。从这以后监狱里学习《弟子规》蔚然成风。《人民日报》对监狱用《弟子规》改造服刑人员的工作也做了报道。开始，服刑人员和干警，都是看传统文化老师们讲课的光碟，后来也派老师到监狱里，来指导服刑人员。《人民日报》还特别谈到，海南监狱将会陆续派两百多位素质比较好的干警，深入学习传统文化，要把这种教学的模式、方法带回海南监狱。

《三字经》开篇就讲道："人之初，性本善；性相近，习相远；苟不教，性乃迁。"我们相信古圣先贤的话，人的本性都是一样良善的，称之为本善。而习性，人与人之间就不一样了。因为受的教育不同，受的熏染不同，所产生的结果就不同。如果受社会不良风气的熏染多，他就变坏了。如果是受到良好的教育，他就变成好人了。服刑人员是大家都认为最难教的人，他们都能教得好，还有什么人不能教好？因此我们坚信，人是可以教得好的，用什么教最好? 用《弟子规》教是最好的。

教《弟子规》，首先是在家庭里，父母要承担起最重要的角色；其次是学校的老师、社会、媒体、公司、单位的领导，都应该有这种共同学习和推动《弟子规》教学的意识。

为什么父母在家庭里教孩子学《弟子规》，首先自己要学？很多父母都抱怨现在的孩子真是太难教了，总是不听话。试问一下，监狱里的服刑人员，不就更难教了？为什么服刑人员都能教得好，你的孩子却教不好，原因在哪里？细细去看看这些抱怨的父母，就会发现，原来父母很爱看电视，一看电视就看到很晚，早上又很晚起床，平时也有很多不好的习惯。可能对自己的父母、对老人也并不是很孝敬，对孩子只知道溺爱。像这样的父母，能把自己的孩子教得好吗？他虽然也教孩子读《弟子规》，也读传统文化，但是孩子越读越不孝顺，也是早上不起床，晚上也爱看电视。这些问题都是出在父母自身，父母自己没做到，怎么可能让孩子们去做到。

孔子在《论语》里面说："其身正，不令而行，其身不正，虽令不从。"父母教《弟子规》，如何教？自己要做得正，要把《弟子规》当作一个剧本，一条条演给孩子看。例如，"父母呼，应勿缓，父母命，行勿懒"。我演给孩子看，我对我的父母就是这样孝顺，孩子在旁边看到了，不用跟他解释，他就明白什么是"父母呼，应勿缓"，什么是"父母命，行勿懒"。如果自己没做到，拿着《弟子规》让孩子去背，自己又不学，这是"虽令不从"。任你发号施令又管什么用，徒然增加了跟孩子的对立而已。孩子心里想，你自己都没做到，还管我，反而激发了孩子叛逆的心理。

所以，父母自己要立志，为儿女做好样子，为社会、为世界，培养出一个人才，培养出一个圣贤。有这种心愿的父母，称得上是功德无量，因为将来他的儿女可以帮助社会构建和谐。

宋朝宰相范仲淹，是一个非常有德行的人，也是一个非常合格的父亲。范仲淹两岁的时候，就失去了父亲。他的母亲改嫁到一个朱姓人家。当范仲淹长到二十多岁的时候，朱家的这些族人排挤他，就把他的身世给抖出来了，范仲淹才知道原来自己是范家的。于是他就到范家去寻根，认祖归宗。但是范家人开始就是不允许他进来，经过范仲淹苦苦哀求之后，范家才勉强答应范仲淹改了朱姓，重新姓范。

他发誓要重振范家，于是就拜别了自己的母亲，他对母亲讲，我现在要去读书，将来考功名，可以为天下百姓做一些事情。母亲你等我十年，十年以后来接你。于是就佩着古剑，带着古琴、书籍离开了朱家，到了一个书院里面苦读。因为范仲淹心里有很高的志向，所以他读书非常地用功，每天都是"三更灯火五更鸡"。五年之内都是晚上睡觉不脱衣服，闻鸡起舞。吃饭更是非常简单，煲一锅粥，冬天冷，就把它冷冻起来，然后切成一块块的，一餐吃一块配一点咸菜末。咸菜称斋，这就是著名的"断斋画粥"。后来也是形容读书人勤苦的一个成语。

有一位同学，看到范仲淹生活如此艰苦，生了同情心，送了一些美食给他。过了好多天，这位同学又来看范仲淹，看到那些美食还原封不动地放在那里，碰都没有碰。范仲淹每天还是吃稀粥咸菜。同学就问他了："为什么我送给你的美食你不肯吃？"范仲淹说："今日吃了你的美食，他日就吃不下'齑粥'了。"范仲淹就用这种清苦的生活，来砥砺自己的心志。

有一次，他跟同学们去外面玩的时候，遇到一位相命先生。大家都请先生相命。范仲淹就请教这位相士说，您看我将来能不能成为一个良相。他想要当宰相。算命先生看着他沉默了一下，笑着说你这个孩子口气也太大了，怎么想做宰相？听相命先生说话的意思，好像当宰相没有指望，于是范仲淹就改口说，既然我将来做不到良相，那您看我能不能当个良医呢？又要当医生。这个相士就觉得很奇怪，因为古时候医生跟老师的行业，都是很清苦的，收入也很微薄。老师教学生不会开口要学费，学生根据自己的家境，愿意给多少就给多少。医生也是如此，给人看病是应该的，救死扶伤是医生的天职，绝对不会开口向患者要钱。

我认识一位长者，他告诉我，他的祖上就是开医馆的。自己的爷爷开医馆从来不开口要钱，只是在门外放一个小箱子，看了病之后，病人觉得病看得还不错，就把钱投到箱子里。他想投多少就投多少，医生绝对不开口要。以前的医生和老师，虽然生活都很清贫，但是受到全社会人的敬仰，因为他们有德。

这个相士觉得很奇怪，为什么他刚开口想当"一人之下，万人之上"的宰相，现在从荣华富贵，一下掉到了当医生这么清贫的一个行业。范仲淹就告诉他说："良相可以救人，良医也可以救人，如果我当不了良相，是没有当宰相的命，就不能帮助天下百姓，那也要做一个医生，为世人救死扶伤。"这位相士听到范仲淹的这番话非常地感动、敬佩，就说了一句："您是真宰相之心也。"你虽然现在不是宰相，你的心已经是宰相了。

后来，范仲淹苦读八年之后考中了进士，当了官，后来真的做到宰相。他做了官以后，马上信守诺言把他的母亲接来奉养，原来他对母亲说等他十年，现在八年就成就了。要知道这种成就，这是他的孝心所召感，是他为天下人服务的那种爱心所召感的。

《弟子规》讲："凡是人，皆须爱，天同覆，地同载。"这种爱心根源还是在于他的孝心。将对父母的爱，扩展到对天下人就是大爱。范仲淹一生做官，建功立业，走到哪里都受到百姓的欢迎、爱戴。虽然他一生四上四下，但是绝对不会因为自己暂时的不得志而忧虑，他的千古名篇《岳阳楼记》，"不以物喜，不以己悲"，"先天下之忧而忧，后天下之乐而乐"，这样荡气回肠的名句，正是他老人家胸怀广博大爱的真实写照。一生为官，范仲淹把自己的俸禄都用来周济贫寒的人。范家族人一开始都不肯认范仲淹，后来范仲淹做官了，有俸禄了，却从不记前怨，以德报怨，给自己的家人、族人很多的奉养。甚至在家乡买了一千亩义田，给族人来耕种，让他们得以维持生活。

家乡有一个寺院，过去范仲淹曾经在这个寺院里读过书。有一天，他在一棵树下看到一个洞，一挖竟然挖出了一坛白花花的银子。虽然当时范仲淹生活非常清苦，但是看到这一坛白银，他的心丝毫不为所动，立即把这坛银子又原封不动地埋回了原处。

这件事情过了很久之后，范仲淹已经做了大官。有一天，寺院里来人找范仲淹，因为寺院要修复，需要些银两，所以来求他帮忙。范仲淹批了一个文，让这个人带回去，告诉他："就在你的寺院里，一棵大树底下你们会挖出一坛白银，那些银子足够你们用了。"结果这个人回到寺院里去挖，果然挖出一坛白银。

范仲淹先生年轻的时候如此清苦，但是看到一坛银子却丝毫没有动心，这样的定力正是《弟子规》上所讲"凡取与，贵分晓"，"借人物，须明求；倘不问，即为偷"。也正因为范仲淹先生绝对不因利养而动心的这种德行，才能使他有这样成功的人生。而成功以后，仍然保留这个志向，一生都过着清寒的生活。他一辈子不吃肉，自己的妻子、儿女甚至没有见过玉器是什么样子，儿女出门都没有一件很得体的服装。范仲淹没有将家产传给儿女，而是把家产全部布施给贫寒的人。他在自己的家乡苏州西元办义学，匡扶儒家传统文化教育。当时有风水家说："你的家乡西元是一块风水宝地，将来会代代都有人做官。"范仲淹听到这样的话说："既然是块风水宝地，怎么可以只为我一家独占呢？应该把它捐出来为国家培养人才，让整个国家得益。"所以就捐出来兴办儒家教育的义学，为当时宋朝儒家文化的振兴做出了很大的贡献。范仲淹以孝、悌传家，他是积德给子孙。

司马光讲：积财给子孙，子孙未必能守；积书给子孙，子孙未必能读；不如积德给子孙，用阴德来庇荫子孙。惟此才真正是替子孙着想。

当时范仲淹的厚德，让范家所有的族人都非常的敬仰，每当族人有争执的时候，调解人就会提起："你们怎么还会为这点财利争执，没有想到当年范公是怎么对人的吗？"一谈到范公，大家就面带愧色。范仲淹的儿子范纯仁、范纯佑都是大孝子。特别是范纯仁，范仲淹晚年得病，范纯仁为了照顾自己的父亲，两次拒绝朝廷的邀请，不肯出来做官，一直伺候老父。父亲走后他的兄长范纯佑也身染疾病，范纯仁又伺候自己的兄长，也跟伺候父亲一样，两次拒绝朝廷的邀请。他说："岂可重禄食而轻父母。"就是说要把孝顺放在第一位，把事业放在第二位。孝顺父母并没有阻碍他的事业，范纯仁最后还是官至宰相，也是一位贤臣。古人讲"忠臣出于孝子之门"。范仲淹以孝、悌传家，把圣贤的风范演示给自己的孩子看，孩子自自然然就成为一个有德的君子了。

回想我自己小的时候，母亲也是很重视对我的德行教育。在我上大学的时候父母离异了，我父亲另外组织了家庭，从此我就跟母亲两个人相依为命。古人云"读书志在圣贤"，母亲从小就启发我树立人生远大的志向。我上了大学以后，母亲就鼓励我将来要真正为社会做贡献，要有能力，所以鼓励我出国留学。在母亲的鼓励下，我大学毕业以后，考取了美国的路易斯安那理工大学，攻读工商管理硕士。在出国之前，我也拜别母亲，我对母亲说："妈妈你在家里等我，等我七年。"因为我母亲对我说，"希望做一个博士妈妈，做一个教授的母亲"。这是母亲对我的期望，于是我就请母亲等我七年。因为在美国读硕士，一般要两年到三年，读一个博士是四年到五年，因此大概需要七年时间。

到美国留学以后，想着要赶紧去完成学业，所以加紧用功，努力修学。因为成绩优秀，学校给了我奖学金，还减免了学费。因为当时家里生活并不富裕，父母给我带到美国的资金也是很少。因为父母这一生也没有什么积蓄。所以在美国留学期间我都是省吃俭用。

记得我出去的时候是1995年，那年我22岁。到国外后我跟中国留学生一起合租最便宜的房子。那里冬天很寒冷，可是我们为了节约，就连下雪天都不肯开暖气。实在冷得厉害，我先把棉被盖上去，把穿的衣物也盖上，还冷的话，就把书本也都压上来。有一个同学毕业找到了工作，就把从中国带去的一个用了很多年的高压锅扔了，我又把它捡回来。但是这个高压锅的高压阀不见了，只能当普通锅用。我就用它来煮饭、煮菜、煮汤，这一用就是四年，直到我博士毕业。那时每个礼拜都搭同学的便车去买菜，因为我们住的地方跟商店离得很远，一定要开车去才行。开车去买菜也都是挑最便宜的菜。在美国最便宜的菜是包心菜，还有胡萝卜。每次都是一大袋一大袋的买。因此每餐煮的不是包心菜煮胡萝卜，就是胡萝卜煮包心菜。吃了多年以后发现，原来这两样东西是最健康的。

这样省吃俭用，每个月都能节省下300美元，给我的母亲寄200美元，相当于当时中国1600元人民币。给我父亲寄100美元，相当于800多块钱。这在当时对他们的生活，也是一个很不错的补贴了。

我还记得每周都跟母亲通电话，给父母写信。在这里我想跟大家分享一下我去美国之后不久，是1996年1月7号我写给母亲一封信中的一个片段。我在信中是这样说的：

"冬天的路易斯安那州挺冷，我们这儿晚上一般都在零度以下。有一天早上起床，竟发现天上飘落许多雪花。目前是最冷的时候，我可以挺过来并可省些钱，无需买棉被了。尽管冷，我仍然每周保持一两次的冷水浴。我目前的学习生活都较单调，每日穿同样的衣服，吃同样的菜饭，走同样的路，读同样的书，我尽量让自己在单调中求单调，使浮躁的心熄灭。我每日早晚警示自己安住单调的生活，直至获得博士学位为止。因为我深深懂得，我来美国不是享受的，而是在欠着父母的恩德，花着父母的血汗钱，若不努力读书，天理难容。所以我突然很喜欢寒冷的冬夜，因为在冬夜里，我才真正体会到'头悬梁，锥刺骨'的精神。才能享受范仲淹'断齑画粥'的清净。这个星期五晚上下了一场冻雨，格外的冷。然而我的进取心，却比任何时候都强了。我要以优秀的成绩供养父母，妈妈请您放心，您的儿子向您保证，向您发誓，我一定会孝顺您，把孝顺放在第一位，把事业放在第二位。"

因为心中有一个目标，要赶紧完成学业来报答父母，所以自己给自己规定一个戒律，我把它叫作"七不"。第一不看电影，第二不逛商场，第三不留长头发，第四不穿奇装异服，第五不乱花钱，第六不乱交朋友玩乐，第七不谈恋爱。因为当时的心安住在专心清净的学习生活里面，学习成绩自然就优秀。本该七年的学习生涯，我在短短的四年里就完成了硕士和博士两个学位的修学。

1999年博士毕业，当时我26岁。我的导师是美国在经济金融学术领域一位较有名气的教授。他在给我工作的推荐函里面这样写道："钟茂森，是我25年学术生涯里面遇到的最优秀的学生。"因为有他这样得力的推荐，加上他的名气，所以找工作就不是难事，很快的，美国德州大学一个分校就给我一个招聘函，请我去做助理教授。我在26岁的时候，就走上了美国大学的讲坛。我毕业之前将母亲接到了美国，请她参加我的博士毕业典礼，然后又跟我一起去到德州大学分校上任。对我取得的这一切成绩母亲也很欣慰，因为我四年前拜别母亲的时候，说让母亲等我七年，没想到四年就把妈妈接来了。工作以后我自觉地负担起母亲以及父亲一家还有爷爷、奶奶的生活。

工作之余，我常常跟母亲到郊外去散步，领略美国野外的风光。在家里常常跟随着一位德高望重的长者学习传统文化，听他讲演的光盘。他把一生都奉献给传统文化道德教育的事业，他是我们母子最敬仰的一位长者。后来这位长者劝导我们离开美国到澳洲，我们母子也就欣然前往，来亲近他老人家。

到了澳洲以后，澳洲一所很著名的学校——昆士兰大学，请我去教工商管理硕士MBA。来到大学以后，大学领导看到我每年都在国际上获得论文奖，在德州大学教学期间也获得优秀奖，而且连续两次我都接受澳洲政府的邀请，承担政府资助的澳洲研究委员会的研究项目。这些成绩，让大学领导也非常的满意，在短短两年之内就破格提升我做副教授，而且是终身制。《弟子规》"入则孝"里"父母呼，应勿缓"，这也是要有很多的努力，才能达得到的。呼是什么？父母的要求，父母的希望，我们要尽心尽力地、尽快地去达到。

当时我在澳洲工作学习都得心应手，母亲当然也很高兴，因为她原来的心愿是希望成为博士的妈妈，成为教授的母亲，这些都已经实现了。今年学校本来要提升我做正教授，34岁的年龄，应该是学校最年轻的终身教授。正在这个时候，事情有了新的进展，中国厦门大学成立了一个财经研究所，以1年80万的年薪，再加上很可观的研究经费，以及配一套房子，请我去做主席教授。待遇都很好。

能回国做主席教授当然好，我母亲也有意叶落归根，也想回祖国居住。于是我母亲就在思考，我以后在澳洲工作好，还是在中国工作好？带着这个问题，有一天去请教我们的老师。我母亲跟在老师后面散步，然后就请教老师说："茂森将来在澳洲好，还是回中国好？"没想到老师沉默了一会儿说："要做圣贤。"此话一出让我母亲一愣，因为这似乎是答非所问，明明是问去哪儿好，为什么说要做圣贤呢？这也是老师教学的善巧。一句话，把你的妄想、你的疑情给打断。

我妈妈回来之后跟我一商量就明白了，学习圣贤教育，读书志在圣贤。我们既然学习圣教，既然仰慕、赞叹孔子、孟子、范仲淹，难道我们只停留在仰慕和赞叹而已吗？为什么不行动起来？难道我们这一生满足于做一个商学院的正教授而已吗？当时母亲突然也就明白了，我也明白了。母亲在给我一个生日卡的时候她这样写道，她说："茂森儿，做母亲的希望你更上一层楼，希望儿子作君子，作圣贤，你能满我的愿吗？"

《孝经》上说："立身行道，扬名于后世，以显父母，孝之终也。"孝到了终极是什么？要立身行道，使父母成为圣贤人的父母，这是大孝。大孝的人要以身济世，救济这个世间。古人讲："为天地立心，为生民立命，为往圣继绝学，为万世开太平。"

现在我们看到这个世间天灾人祸很频繁，很不和谐。根本原因在哪里？就在于缺乏了伦理道德的圣贤教育。所以，人们只懂得唯利是图，见利忘义。而圣贤的教育，中华传统文化已经是到了岌岌可危的地步。人能弘道，非道弘人，要使教育能够复兴，使中华传统文化复兴，需要有一批圣贤的老师，有圣贤之德的人出来。而在这芸芸众生里面有君子之风，有圣贤之德的人凤毛麟角。这个世间，并不缺乏金融教授，所缺乏的是德才兼备的圣贤教育的师资。

我们母子思前想后，决定重新选择人生。还是在母亲的支持下，我辞掉了澳洲昆士兰大学终身教授的工作，回到了祖国，正式拜师学道，重新来做一名学生，立志将中华传统道德教育复兴起来。复兴，从我做起。

母亲看到我走上这条道路，也很欣慰。她自己说，能孝敬自己的父母，那是小孝。能孝敬天下的父母，能够全心全意为人民服务，这才是大孝、至孝。她希望我去学做圣贤，做一个至孝的儿子。

我为母亲的这种高尚的德行而感动。母亲就我一个儿子，多年来与我相依为命，好不容易把我培养成一位教授了，现在却毅然支持我舍弃一切享受，去做从事挽救中华伦理道德教育、挽救世道人心的工作。希望儿女去做圣贤的这个父母，本身已经向圣贤迈进了。

因此，拜师以后，在母亲的生日之际，我在给她的生日贺卡里面写了一首诗，献给我的母亲，为她老人家祝寿。这首诗是这样写的："育苗辛苦半生忙，树高方可与人凉，不愿儿为名利汉，便如孟母史留香。"大意是，母亲培养儿女不容易，半生的辛苦才把一个小苗养成一棵大树，这棵树刚刚可以给众人荫凉，服务人民。当母亲的却不愿意儿子成为一个追逐名利的俗人，毅然决然地支持孩子走上传统文化的教育之道，向圣贤人看齐。我觉得应该要如母亲的愿，效法圣贤，效法孔子、孟子，让我母亲将来也能够青史留香。这是一个做儿女应该尽到的孝心。

"勿自暴，勿自弃；圣与贤，可驯致。"《弟子规》，不仅是教导我们如何获得成功的事业、幸福的人生，更重要的是教我们如何成就圣贤，如孟子所云"人皆可以为尧舜"。

《弟子规》这本书的原作者，是清朝康熙年间一位秀才李毓秀，李先生根据《论语》的教导，编纂了一本《训蒙文》，来训导儿童。后来经清朝的贾存仁先生再度改编，更名为《弟子规》。

《弟子规》是根据《论语·学而第六》，"子曰，弟子入则孝，出则弟，谨而信，泛爱众，而亲仁，行有余力，则以学文"这句话，作为总纲编订的。《弟子规》前面一小段是"总叙"，下面分别是以"孝、弟、谨、信、爱众、亲仁、学文"7个段落来标示的。7个段落共讲了113桩事情。文章末尾以"勿自暴，勿自弃；圣与贤，可驯致"这句作为结论和劝勉。因此整篇文章，为9个段落，总序加结劝，中间7个段落。

《弟子规》全文不长，总共360句，每1句3个字，共1080个字，念起来朗朗上口，很容易背诵。我们熟读背诵以后，关键要在生活当中，时时提得起来，要落实到我们自己的生活行为当中，这才能够有受用。

目　录

总　叙 ……………………………………… 1

第一篇　入则孝 …………………………… 21

第二篇　出则弟 …………………………… 88

第三篇　谨 ………………………………… 111

第四篇　信 ………………………………… 147

第五篇　泛爱众 …………………………… 173

第六篇　亲仁 ……………………………… 224

第七篇　学文 ……………………………… 234

总 叙

弟子规　圣人训　首孝弟　次谨信

泛爱众　而亲仁　有余力　则学文

　　总叙就是全篇的总纲领,将整篇文章的宗旨为我们和盘托出。

　　"弟子规,圣人训",开宗明义就为我们讲得很清楚。《弟子规》到底是什么文章? 它是圣人的训导。哪一位圣人的训导? 孔老夫子的训导。"孝弟,谨信,爱众,亲仁,学文"就源自《论语》,而《论语》是孔老夫子的言行记录,记载着这位至圣先师每天的生活行持。因此《弟子规》不是一篇普通的文章,它是圣贤的教诲,是圣人的训导。它基本的原理原则,就是《三字经》开篇的八句话:"人之初,性本善。性相近,习相远。苟不教,性乃迁。教之道,贵以专。"这八句话,概括了中国传统教育的哲学理念。

　　首先,我们必须要承认"人之初,性本善"。这个本善是我们本有的,是我们人的本来面目。本善具体地说,就是道德。《礼记·

中庸》里面有一句话:"天命之为性,率性之为道。"天命讲的就是自然而然的,自然而有的意思,不是人为创造的。所以这个性就是本性,动念、造作如果能够合乎本性,就称之为率性。

因此,率性就是循着本性而起心动念、言语造作,这样就称之为"道"。道,用现代话来讲,就是自然法则,这个自然法则是本来就有的,不是人为去创造的。老子说这个道是宇宙本体,他在《清静经》里说:"大道无名,生养万物。吾不知其名,强名曰道。"老子认识到,宇宙有个本体,这个本体就是道。其实,道也不是它本来的名称,大道无名,没有名字。它是宇宙的本体,生养着宇宙万物。宇宙从哪里来的?从这个道来的。道没有形象,也没有名号,老子说,我不知道它叫什么名字,就勉强地给它起个名字叫作"道"。因此"道德"两个字含义很深。"道"就是宇宙本体,就是儒家讲的天命,就是性,本性。圣人觉悟了,我们说他证道。证道以后是什么样子?他的身心与道"合而为一"了,也就是与宇宙万物"合而为一"了。没有你我的分别了,我就是宇宙,宇宙就是我,一切众生、一切人,就是一个我。这种境界是圣人的境界,而且每一个人也都能达到这种境界,因为"人之初,性本善"。每个人都有这个本性,每个人都能与道"合而为一",只是我们还没见"道"。

我们如何去见道?见道,确实不容易。不要说"见道",就是体会一下也不容易。为什么?因为道是无形无相的,说不出是个什么样子,它是寂然不动的。我们的身体器官,没有办法去接触到,眼睛看不到,鼻子闻不到,耳朵听不到,舌头尝不到,身体也不能够接触到，甚至我们的意识思维都没办法想象得到，更说不出来。所以老子说："道可道，非常道；名可名，非常名。"道，宇宙本体寂然不动。一动，就有了形相，这个形相就是"德"。

道德两个字，道是本体，德是现象，它有形相出来了。心不动的时候就与道"合而为一"；心才动，一个念头才起来，有了形相，就有德了。而这个德与道相应、相合。我们无法见道，但是我们能够见德。何谓德？常讲"孝悌忠信礼义廉耻"为八德。这八德我们能见得到。孝养父母什么样？我们能够知道，能够体会得到。忠于祖国、热爱人民什么样？我们也能体会得到。所以，我们一般人虽不能够见道，但是可以从德上去体会。只要循着"孝悌忠信礼义廉耻"这八德来生活，做一个有德的人，我们必然有机会见道。

然而，为什么我们没有办法按照德去生活？这是因为我们有习气，放逸惯了，从小又没有接受到良好的教育，造成现在一切起心动念、言语造作与道德相违背，因此不能见道。要见道，关键是要接受圣贤的教育。《中庸》讲："修道谓之教。""教"就是帮助我们从不良的习性，回归到道德上来。《三字经》讲"性相近"，本性是相同的，但是"习相远"。有的人成为圣人，有的人是凡人；有的人幸福快乐，成圣成贤，有的人烦恼重重，最后落得个身败名裂，这些都是没有接受教育的结果。而教育的目标，就是让我们回归到道德上来，回归到本性上来，把我们本性中的本善显发出来。

《论语》讲"志于道，据于德，依于仁，游于艺"，这是儒家教育思想的一个概括。"志于道",意思是立志要在道上。这个道是什么?就是天命,就是本性,就是宇宙的本体。我们立志要见道、要证道,要回归本性本善,要跟宇宙万物合而为一,这就是圣人。如何去做?要"据于德",要依靠道德,这个德就是德行教育。《弟子规》就是德行教育非常重要的基础教材。它的目标是帮助我们证道、见道,最终成为与天地万物合而为一的圣人。所以,《弟子规》,可不能小看它,它小到能帮助你得到幸福的人生、成功的事业,大到能帮助你成圣成贤。

道和德,道是体,本体;现的相,是德;体现的相,是德相。这是从内在来讲,表现外在就是"依于仁,游于艺"。仁的根本还是道德,仁是什么?爱人,对人有一颗真诚的爱心。仁和艺,都是道德的作用,所以君子要行仁,要学艺。为什么?因为行仁学艺,就是回归道德,就是恢复我们的本性本善。如何行仁?孔老夫子讲:"力行近乎仁。"我们努力地去修学,按照圣贤教诲去做,这是力行。力行,就与仁相近。对《弟子规》我们每一句都要进行反省,认真地落实到自己的生活中,每一句都要做到,不可以马虎,这就是行仁。行仁当中,就在逐渐恢复道德,恢复本性了。"艺"是指艺术,泛指才能、技艺。古人讲六艺,所谓"礼乐射御书数"六艺。现在我们说百工技能,无论从事什么行业,什么事业,一切的行业都是一门艺。工作当中,把我们的仁爱之心体现出来,把我们的道德表现出来,这就是"志于道,据于德,依于仁,游于艺"。

在我们的人类社会中,每一个人都不可能独立存在,都是要在人群当中生活，所以处理好人际关系就特别重要。这种关系也是道德的体现，这个关系包括父子、兄弟、夫妇、君臣、朋友，这是我们讲的五伦。每个人一出生，自然而然就要面对这五种人伦关系，这不是人为创造的，是自然而然存在的。一个人呱呱坠地，他必定有父母，所以父子关系产生，父母家族里面也会有同辈的兄弟姐妹产生，将来长大了有夫妇的关系、有朋友的关系，踏入社会工作必定有君臣关系、领导与被领导的关系、上下级的关系，这些关系都要处理好。

如何处理好呢？就是要在这五伦关系当中，履行我们应尽的义务，五伦十义。也就是在五种人伦关系里面，我们要履行十种义务。哪十种？所谓父慈子孝、君仁臣忠、夫义妇听、长惠幼顺、朋友有信这五伦关系之中的十义。在这个关系当中，我们自然就要承担起应尽的十种义务。如果不承担义务，关系必定搞不好。身为父亲、母亲必须要仁慈，父母对儿女的爱心，是天然之理，父母能够以爱心对待自己的子女，这就是德；儿女对父母要孝顺这也是德。父母与子女的关系是道，随顺这个关系就叫德。君臣，上级对下级要有仁恕之心，要关怀他、照顾他，他犯了错误也要用一种宽恕的心对待，帮助他改过，这是领导应尽的义务；下级对领导，也要有一种忠诚之心，不能有欺骗的行为，这是下级应尽的义务。夫妇之间要有道义、恩义、情义，要互相体贴，互相照顾。兄弟之间要做到兄友弟恭，兄长对弟弟要友爱，弟弟对兄长要恭敬。朋友之间互相要讲信义，这些都是符合道德的。古人把道德归纳为八种，称"八德"，即"孝悌忠信礼义廉耻"，这是一种说法；另外一种"八德"的说法是"忠孝仁爱信义和平"。两种说法汇集在一起，去掉相同的字，就是"孝悌忠信礼义廉耻仁爱和平"十二个条目，这都是我们应该具有的德行、人品。而这也都是《弟子规》具体教导的内容。

《弟子规》虽然是孔老夫子提出的提纲条目，但是孔老夫子一生"述而不作"，他只是转述古圣先贤尧舜禹汤、文武周公的教诲。孔老夫子对于古圣先贤所说的教诲完全认同，他证道了，孔老夫子，七十岁的时候可以"从心所欲，不逾矩"，矩就是规矩。人的本性本善，古圣先贤将它彰显出来了。我们凡人的本善被习性蒙蔽了。我们如果能够听从圣人的教诲，按照《弟子规》上所说的教诲去力行，逐渐把我们不良的习性洗刷掉，让我们的本性本善彰显出来，不知不觉也就成为一个圣人了。

当我们成为圣人以后，再看《弟子规》就是我们平时生活的写照，是我们本性自然的流露。我们没有回归到本性的时候，我们要勉强去做，就是要力行。等到回归本性，本善自然流露，不用刻意自自然然就与《弟子规》完全相合。本有的本性，可以恢复；本有的本善，可以彰显出来。不良的习性，例如不孝、不义、不忠、不悌的习性，本来是没有的，当然可以把它去除掉。因此整个圣贤教育的过程，就是让我们回归本来面目的过程。当我们恢复本来面目，本性中的本善就像泉水一样汩汩的向外流淌，无量无边的举止动念，无非是善，是说不尽的善。

"首孝弟，次谨信。""首"是首要，首先要做到的就是孝悌。在孝悌里，孝是根、是体，而悌是孝的作用。孝，是一种观念。古代我们老祖宗发明的汉字真的很有智慧，是世界上任何一个国家都无法相比的。它是一个智慧的符号，是一个会意字，上面是老字头，下面是子字底，代表老一代和子一代合而为一，这是孝。因此，孝就是老一代和子一代是一体的，这种观念就叫孝道。现在人总是说子女与父母之间，两代人有代沟。有代沟老一代和子一代就分开了，分开以后，就是不孝，孝里面没有代沟。

我大学毕业以后，去美国留学，在美国虽然学习很紧张，但是必定坚持每个星期给我母亲打一次长途电话；每两个星期给我父母写一封长信，汇报自己在美国的学习生活。因为我是父母的独生子，只身在外，远渡重洋留学，父母一定会挂念。所以以父母之心为自己的心，想到父母会忧虑，那就要多和父母沟通，让父母放心。四年留学生活，我父亲和母亲把我写的每一封信都积累了起来，现在有时候回头看一看，自己都很感动。每年我必定回国探亲，自己平时省吃俭用，压缩各方面的花费，把钱积下来，一方面给父母每个月寄三百美金，另一方面积累下来买机票回国，还有给父母打电话。当时打电话费用还挺高的，不像现在话费降下来了。而且每次打电话，总是忘记时间，一讲起来都有一个多小时。很多同学都跟我开玩笑说："看你平时花费不多，打电话却从不省钱，每年回家探亲，往返机票费加上买这么多礼品，这钱要是积累下来，你都可以买一部小汽车了。"四年里，每天上学即使是冒着风雨，我也都是骑车上学。很多留学生，到那里没多久，家里也有钱，就买了汽车。虽然我没有买汽车，但是，把这个钱用在跟父母沟通交流、让父母安心上面，我觉得心里很踏实。我跟父母从来就没有代沟。而且,我跟我母亲不仅像母子,真的像知心朋友,无话不说。

孝,要有一体的观念,把这个一体的观念落实在生活、言行中就是孝道。这个一体是什么?宇宙就是一体的,我们把这个一体,从对自己的父母开始表现出来。对待父母能够尽自己的爱心,然后把对父母的孝心展开,对老师、对兄弟姐妹,所有的亲人也是这样一体的爱心。到了学校里对同学,到了工作单位对领导、对同事,到社会里面对社会大众,不管走到哪里,都用这一体的爱心对待一切的人。宇宙万物与我一体,爱别人就是爱自己。这种观念称之为孝。

在时间上过去、现在、未来还是一体。孝字,老字头,老一代上面还有老一代,父母上面又有父母、祖宗,一直追溯到远古无尽的过去。子一代下面又有子一代,儿孙下面又有儿孙,一直绵延到无尽的未来。无尽的过去和无尽的未来,无始无终都是一体,这称为大孝、至孝。

圣人就是把这种大孝、至孝证得了,表现出来了,因此他不仅爱现前的大众,还爱未来的大众。他的起心动念都会照顾到未来,他不会因为自己眼前的享受,把子孙未来的资源糟蹋了。当前很多企业,为了眼前暂时经济的腾飞发展,造成严重的环境污染,大自然的资源被破坏了。谁来承受这些苦果?我们的儿孙,我们的后代。这样做就是对后代不负责任,没有爱心,就不是孝。

讲到一体的观念,是很深广的。整个圣贤的学问用一个孝字就可以概括了。圣人千经万纶,都离不开这个孝字,因为孝字就是仁爱。如果真正懂得孝的道理，修身、齐家、治国、平天下都不是难事了。现在讲和谐社会、和谐世界，治国平天下，只要以孝来治理天下，来对待世界各国，和谐社会、和谐世界并不难实现。

其实这个问题的讨论，早在2500年前，孔老夫子跟他的学生们就曾经展开过。有一天，孔老夫子与弟子们一起谈话，孔老夫子就主动发问："先王有至德要道，以顺天下，民用和睦，上下无怨，汝知之乎？"孔老夫子是讲，尧舜禹汤文王武王这些古圣先王，他们有一种至高无上的德行，这是极为重要的道理，可以和谐社会、和谐世界。"以顺天下"，让天下人都和顺。"民用和睦"，让百姓都和睦，上下级之间、政府和大众之间没有怨恨。这不就是和谐社会吗？"汝知之乎"，你知道吗？孔老夫子有一个学生叫曾参，他是个大孝子，恰好在老师旁边奉侍。他听到老师提出这样一个重要的问题，立即就恭恭敬敬地起来向老师请问，他先向老师作礼，然后再请教说："曾参很不聪敏，哪里能够知道先王的至德要道呢？请老师为我们详细地说明。"曾参如此的恭敬，如此的谦卑，老师看到这样的好学生心里必定欢喜。曾子是孔老夫子的一个传人，他的德行第一，成就很高。为什么曾参能够有这样的德行学问？因为他本身是个大孝子。他对自己的母亲尽心尽力地侍奉，并将这种孝心带到了老师身边，自然对老师也是恭恭敬敬。因此孝与敬是一体的。首孝悌，"悌"就是恭敬。

老师见到这样恭敬好学的学生，必定是很欢喜地把自己毕生的学问都和盘托出。所以孔老夫子马上就说："夫孝，德之本也，教之所由生也。"孔老夫子回答："孝道，是德的根本，它是一切圣贤教育的源泉。"教育从哪里教起？从教孝开始教起；"教之所由生也"，教育是从这里产生的。从这句话我们就了解了，孔老夫子教人必定先教孝道。孔老夫子在《孝经》里说："人之行，莫大于孝。"不论做什么行业，上至国家领导人、政府官员、公务员，下至士农工商，乃至下岗、退休的老百姓，最可贵的德行就是孝。又说天子之孝："爱敬尽于事亲，而德教加于百姓。"这是讲天子国家领导人要以身作则，把对父母的孝道做出来，然后将这种孝心扩展到全天下，以孝道之德来教化百姓。因此，孝可以说是中华文化的根。

因为有孝的根，中华文化才能源远流长，中华民族才能屹立不摇。为什么世界几大文明古国都衰败了，就只有中华文明可以历久弥新而生生不息呢？主要的原因，是中华民族注重孝道。古圣先王、圣贤都有一体的观念，都教导百姓孝道。

现在科技发达，国家用媒体来教导大众，效果会非常显著。我们很高兴地看到，中央电视台连续播出关于孝的电视连续剧《温暖》、《家事如天》等等。这些都是教导人伦道德，提倡孝道。《温暖》这个电视剧，是根据一个真实的故事改编而成的。所用的题材是在2005年初，评出的"感动中国十大人物"之一的大孝子的真实事迹。这位孝子叫田世国，他是广州市的一名律师。他的母亲患了尿毒症，只有换肾，才能让他母亲活下来。当时家里几个儿女，都争着要为母亲献肾。田世国是大儿子，38岁，所以他说了算，他决定自己把肾捐出来，还不让他的母亲知道。因为母亲非常爱儿女，如果知道儿女为自己捐肾，宁愿跳楼也不肯接受。所以田世国与医院的医生商量好，告诉他母亲，这个肾不是自己家的，是买来的。在手术的时候，医生先从田世国身上，把他的一个肾切下来，然后立即移植到隔壁手术台他母亲的身上，手术很成功，母子都痊愈了。最令人感动的是，当母亲和儿子同时出院时，母亲还不知道，自己身上新的肾来自于她的儿子。感动中国评选委员会是这样评价田世国的："捐肾救母，这是大亲、大情、大义"，真是"慈母身上肾，孝子一片心"。田世国对记者说："我并不觉得我做了什么惊天动地的事情，我觉得这是应该做的。母亲生我们、养我们付出了多少辛劳，我献一个肾又算什么呢。"

《孝经》讲："教民亲爱，莫善于孝。"这样的一个孝子，感动了全中国。为此中央电视台特别拍摄了这部《温暖》电视连续剧，以他的行为作为题材，用孝道教化全中国的老百姓。真正要想和谐社会，利用媒体播放好的电视、电影，包括感动中国"十大孝子"的评选活动等等，都是构建和谐社会最有效的方法。

孝是一切道德的根本，而"悌"是孝的起用。我们跟所有人是一体的，对待别人必须要用恭敬心，对待自己必须要谦卑，这是德。因此"悌"也是孝，它是把孝的这种心，表现出来而已。而恭敬也要从对父母开始，然后扩展到对一切长辈，对老师，对年长、德高、声望高的人，凡是比我们有长处的人，都要恭敬。这种恭敬也是自然而然的流露，并不是刻意的，如果刻意那就不能称之为"悌"了。《孝经》讲："不爱其亲而爱他人者，谓之悖德，不敬其亲而敬他人者，谓之悖礼。"爱人、敬人要先从父母亲开始，这叫作由近而远，这是仁爱的落实，不能倒过来。如果一个人，他对领导很恭敬，但是在家里不恭敬父母，他没有"悌"，他恭敬领导可能是别有用心，因为领导管着他的职位、工资、奖金。如果为了这些才恭敬领导，他想的都是自己的利益，而不是真有恭敬心。这种人，领导在位一天，他恭敬领导，领导不在位了，他可能就变样了，因为心里完全只有功利，而没有道义。这种人能够重用吗？如果真给他职位，到高位上去了，他能够为百姓去谋幸福吗？当百姓的利益跟自己的利益相冲突的时候，他必定是把自己的利益放在百姓利益之上。所以选择官员，首先要看他有没有孝。孝敬父母，他才可能爱敬别人。爱父母，他才会爱百姓。懂得这个道理，才理解何以古代委任官员有两个标准：一个是孝，一个是廉，称之为"举孝廉"。因为能够孝顺父母，就能够忠于祖国，就能热爱人民。我们国家提出的"八荣八耻"头两条就是孝心的表现。

"谨信"，"孝悌"德行建立了，要在"谨信"上面去落实。所谓"谨"是对生活的态度，恭谨，称为谨慎。做人要谨慎，小心，才不至于犯错误，凡是犯错误都是不谨慎。对待自己多年养成的毛病习气，也要懂得常常观照、留意才能够真正改正过来，这就是"谨"。比如爱发脾气，要真正改掉这个毛病，就要在"谨"字上下功夫。当遇到不顺心的时候，火要上涨了，马上能够提起一个念头："我不可以发脾气。"发脾气是伤人又害己，还于事无补，可能对于事情本身，会造成更大的麻烦。提起正念，平时就要在"谨"字上用功。常常都能关注自己的念头，不妄失正念，这就做到了"谨"。当真正把"谨"做好了，一步一步就是向圣贤迈进了。古人讲"克念作圣"，当我们起了念头，觉察到这个念头不对，马上把它克服，这就是用"谨"的工夫，久而久之就能成就圣贤的品格。

"信"，是讲做人要诚信，要讲信用。如果不讲信用，人人都会怀疑你，因为你没有信用。所以，说话行动都要以诚信为原则。真正把诚信做到了，大家都会信任你，自己也生活在快乐之中，你的事业必定成功。因为真正有信用的人，大家会很欢喜与你合作，很愿意帮你。特别是在生意场上，做生意最关键是信用。你到银行借贷，也要考察一下你的信用如何。诚信的人，可以在社会上立于不败之地。人如此，国家亦如此。

有一天，孔老夫子跟他的弟子子贡讨论。子贡问孔老夫子说："一个国家需要具备什么样的条件，才能够立足？"孔老夫子说了三个条件，这三个条件具足了，可以立于不败之地。子贡请问孔老夫子"是哪三个条件"？孔老夫子说："曰兵，曰食，曰信。"第一要有兵，兵是讲国家机器，军队、警察是兵，是统治的工具；第二是食，粮食，百姓要吃粮食，生活要满足；第三是信，国家要有信用。子贡很会问，好学之人懂得抓住机遇提问题。子贡再问夫子说："如果这三者必须要去掉其中之一，先去哪一件？"孔老夫子说："去兵。"先要把国家机器去掉，剩下粮食和信。因为一个国家百姓要生存，国家更要取信于民。哪怕是没有军队，没有国家机器了，这个国家还能够生存。子贡继续问说："如果剩下这两件，还必须要去掉一件，去掉哪个？"孔老夫子说："去食。"圣人的观念是人民可以没有饭吃,但是百姓对国家的信任不能没有。国家可以是一个贫穷的国家,但是它对于百姓一定要有信用。因此孔老夫子说:"民无信不立。"如果百姓对国家政府失去了信心,这个国家也就立不起来了。可见信是多么的重要。

信,引申来讲,还包括信念的意思。一个人、一个团体、一个国家都要有信念,也就是志向。如果人没有了信念,没有了志向,他的人生就没有了方向,没有了目标,哪怕他吃得饱,穿得暖,而"饱食终日,无所用心",人生也不会感到幸福,也不容易得到成功,更不要说成圣成贤了。所以,人要立什么志?立志做圣贤。圣贤人的生活一定幸福,圣贤人的事业一定成功。

"泛爱众,而亲仁"。"泛",是广泛的意思;"爱",是仁爱;"众"是社会大众。以广泛的爱心,对待社会大众,称之为博爱。这个爱心从哪里来的?这个爱心就是孝心。孝是一体的观念,跟父母一体,才能对父母尽孝。跟社会大众一体,才能对社会大众博爱。所以,爱心就是来自于跟社会大众一体的观念。而一体的观念是宇宙的真相,宇宙本来是一体,就是我们前面讲的"道"、"本性",这是生养万物的本体。为什么对待大众会有无条件的爱心,因为就是对待自己,没有什么条件可言,都是一体的。如同自己左手痒了、痛了,右手赶快去帮忙,难道右手跟左手还讲条件、谈价格吗?你给我多少钱我才帮你,没这个事,一体的,这种爱是无条件的爱。

要养成一体的爱心,也有一个次第。从何处做起?从"爱亲"做起。孟夫子讲"亲亲而仁民"。首先对父母亲尽孝道,爱父母,再扩展到爱别人，爱别人是"仁"。对待比自己年长的如同对待自己父母一样；对待比自己年幼的如同对待自己的弟弟妹妹，甚至是儿女一样。正如孟夫子所说"老吾老以及人之老，幼吾幼以及人之幼。"

"亲仁"，是亲近有仁德的人。讲亲近君子，亲近圣贤，这种亲近就是向他们学习，因为与有仁德的人在一起，我们的德行、学问才能够得到提升。"仁"不仅是有仁德的人，还包括古圣先贤留下来的中华传统文化经典。这些传统文化的典籍，都是仁德的圣贤之人智慧的结晶。在现今这个社会上，如果找不到真正有仁德的人，可以在古圣先贤的经典里面找，学习传统文化就是"亲仁"。"孝、弟、谨、信、爱众、亲仁"，这六条是讲我们修学力行的部分。

"有余力，则学文"。在落实前面六条的基础上，有了力行的功夫，就应该学文。《论语》中讲，"行有余力，则以学文"，我们在力行的基础上，有能力了一定要学文，因为学习古圣先贤的教诲，会帮助我们提升。如果我们不学习，凭着自己的想法去做，往往可能有偏差。因为自己的思想难保没有错误，因此学文与力行同等重要。这里讲力行和学文，不是说先力行再学文，而是边力行边学文，学文帮助我们力行，力行帮助我们学文。因为真正把古圣先贤的教诲做到了，体悟也就更深了。这种体悟，帮助我们更加提升对于圣贤教诲的领会。

从总叙，我们可以归纳《弟子规》的一个宗旨，这个宗旨就是八个字"进德学文，知行合一"。"孝、悌、谨、信、爱众、亲仁"

六个部分，都是帮助我们增进德行的，这是进德，是力行的部分。后面"行有余力，则以学文"，学文是帮助我们知，知行要合一，解行要并重。

学文，要知道也不是乱学。《三字经》第七、八句讲"教之道，贵以专"，这是我们学习的方法。教也是学，教学的方法是什么？贵以专，专就是不杂。学要一门深入，长时熏修。《弟子规》讲："此未终，彼勿起。"我们同时学很多东西，脑子会学乱，那样，学文不能帮力行。学，要把心定在一门上。比如学儒家，先学《弟子规》。《弟子规》没学好，没做到，不能换科目。一定要把《弟子规》做到，才换第二个科目，这是专。《弟子规》做到了，再学《论语》。《论语》是孔老夫子的言行，要学得跟孔老夫子一模一样，那样《论语》才学得毕业。没有学得像孔老夫子一样，就不改变科目。一遍一遍地学，学了之后跟人家讲，边学边讲，教学相长，这样学就快了。这是"进德学文，知行合一"。宗旨和目标有因果的关系。宗旨是因，目标是果。我们这样去学、去做，最后结果：一你可以得到幸福的人生；二你可以得到成功的事业；最后你可以成就圣贤之道。这三个层次不同，当然，我们目标要定得高，既然要学，就学做圣贤。圣贤都达到了，幸福人生，成功事业，自然而然就能得到。

《弟子规》，入手处最方便，所以最容易学。因为教导的方法，都是日常生活中的小事，从小事当中悟圣贤之道。在生活的平凡小事当中，把自己的不良习气磨掉、改掉，渐渐让自己的本性、本善彰显出来，学着成就圣贤。所以圣贤的克己功夫，在哪里学? 就在我们的日用平常中去检点、去反省、去改过、去练习。

孔老夫子讲: "能近取譬, 可谓仁之方也。" 这句话是说, 要学习仁的方法, 在哪里呢? 要懂得从最切近的事情里面学习。也就是在日用平常当中, 每一小事里看我们会不会用心, 若会用心, 圣贤之道并不遥远。不会用心, 哪怕是把《四库全书》都读通、背熟了, 还不是圣贤。充其量可以称为一个儒学家, 儒学很有造诣, 可以写论文发表, 但是仁德、本性本善没有显发出来。那不是孔老夫子所希望我们做的。

如果我们能够落实《弟子规》, 哪怕是没有读过四书五经, 没有读过《四库全书》, 儒家的经典一本没读过, 只读过《弟子规》, 只要我们百分之百做到, 照样成就仁德、成就圣贤。我们把自私自利的存心真的改过来了, 不再用不善的习气毛病, 来对待周遭的人、事物, 而是完全遵从《弟子规》所讲的圣贤之道, 那样我们也能成就圣贤。

孔老夫子云: "仁远乎哉? 我欲仁, 斯仁至矣。" 孔老夫子说, "仁" 很遥远吗? "我欲仁, 斯仁至矣"。我真想去行 "仁", 于是 "仁" 就到来了。我们力行《弟子规》, 这就是 "行仁", 不知不觉就能成为一个仁德的人。

学习的目的是成就我们的仁德, 成就圣贤。不在乎我们懂得四书五经多少, 不在乎背得多少。背不背不是关键问题, 关键在我们做到多少。做到了 "斯仁至矣"; 没做到, "仁" 还是很遥远。

学习程度不同, 孔老夫子在《论语》中将这个程度分为三个等级，"生而知之者，上也；学而知之者，次也；困而知之者，又其次也。困而不学，民斯下矣"。上根之人，他的智慧程度很高，是"生而知之"，一生下来他就很仁厚，很有孝心，很有爱心，这种人是上等学子。

其实人本来都是良善的，"人之初，性本善"，为什么有程度高低不同？都是因为后天的教育问题。《三字经》讲，"苟不教，性乃迁"。如果不教他，他就可能从上等人变成中等人，或者中等人变成下等人，甚至下等都达不到，这个人没救了。这都是因为他后天所受到的熏习。如果他熏习的是善的，那么他是上等人。如果他熏习的不善，那么他就变成下等人。

生而知之的人，也是教出来的。从何时开始教？母亲怀孕的时候就要去教，这是胎教。孔老夫子最仰慕的文王、武王、周公，都是这里讲的生而知之的人，那真的是圣人。

文王的祖母太姜，所生王季。王季娶的太太是太妊，所生之子为文王。文王娶的太太，名太姒，所生十子，次子武王、四子周公。

文王的母亲太妊怀孕的时候，一言一行，都非常谨慎小心。因为太妊知道，自己肚子里的孩子有知觉，假如自己行为造作不善，必定影响胎儿，对他是个污染。所以言语造作甚至是起心动念都非常谨慎，不允许有一点不善。怀孕期间她做到"目不视恶色，耳不听淫声，口不出傲言"。凡是不善的不看、不听、不说、不做，就是为了让腹中的胎儿，在母体里接触到的就都是良善的教育。因此古人讲，"有胎教致使文王有圣德"。文王的圣德如何来的？他的母亲教出来的。太姜、太妊、太姒，这三太都是非常贤德的女子，所以教养出了圣人。周朝开国这三位女子为周朝八百年的基业，奠定了深厚的根基，周朝之所以成为中国历史上最长久的朝代，要感谢这三位圣女。

现在人称呼妻子为太太，这个称呼就是出自于周朝的三太。因此，太太是一个非常尊贵的称呼。称呼妻子做太太就是希望你这位妻子，将来能养育出文武周公这样的圣人，为我们的国家、为我们的世界培养圣德之人。

太太在家里培养儿女，是圣贤人的事业，"蒙以养正圣功也"，所以太太的使命比先生更重要。很多人说中国重男轻女，好像男子的地位高，女子的地位低，那是一种错误的观念。在中国重视的是传宗接代，而女子的德行，对女子培养后代的使命有着重要的影响。古德曾说，"治国平天下之权，女人家操得一大半"。怎么可以说先生地位比太太高，应该反过来说太太地位比先生高才有道理，因为她使命重大，从怀孕就开始了培养儿女。

当时我母亲也是很重视胎教。我出生在1973年，正是"文化大革命"期间，当时没有传统文化的书籍，我的父亲在兰州，我母亲在广州，相隔很远，我妈妈跟我的姥姥一起住，生活很清净。我的姥姥是一个非常贤惠的家庭妇女，一生没有发过脾气，对自己的先生、对自己的儿女都非常地关爱，性格非常好，称得上是"温良恭俭让"，有很厚的传统美德。因此我母亲跟我姥姥生活在一起，一方面耳闻目染感受温良恭俭让的德风，一方面也在姥姥身边尽孝。而这种潜移默化正是对我良好的胎教，所以我从小到大，我母亲说我都很听话、很孝顺，很少跟父母有顶嘴的时候, 违逆父母的事情没有干过, 这应该就是胎教奠定的基础。

上根的人是生而知之, 学而知之就次一等了。谈到"学而知之", 教育就很重要, 尤其小孩子从小就要接受圣贤的教育, 落实德行的根基。因为长大了以后再教就比较难了, 正如《颜氏家训》所说: "教妇初来, 教儿婴孩。"

教育从哪里开始? 从婴孩开始教。媳妇刚过门就开始教家规, 教妇初来比较容易, 时间久了, 她受的污染多了, 就很难教了。

难教的人是谁呢? "困而知之"。这是讲我们现在人, 大部分人小时候都没学过中华传统文化。自"五四"打倒"孔教"以来, 传统文化受到了新文化运动猛烈的冲击; 而"文化大革命"中的"破四旧"更是把传统文化彻底废弃了。没有学习过传统文化的人, 就是受困了。其结果是导致我们这一生的行为、观念产生了很多偏差, 常常生活在烦恼痛苦当中。现在有机会学习《弟子规》, 接触到传统圣贤文化, 我们要尽心竭力, 亡羊补牢。

虽然我们程度低, 但是没有关系, 只要努力还能补救。如何努力?《中庸》讲, "人一能之, 己百之; 人十能之, 己千之。果能此道矣, 虽愚必明。虽柔必强"。人家看一遍就能看懂了, 我就看十遍; 人家读十遍, 我就读一千遍。这样发奋图强, 即使是根性愚钝、程度低, 也能赶上来。《中庸》讲"君子之道, 辟如行远必自迩, 辟如登高必自卑"。学习圣贤之道, 要循序渐进。走远路, 必要从脚下开始迈步; 登高也要从低处开始, 一步一步地登。只要不灰心, 奋勇向前, 圣贤学问我们一样可以成就, 本性本善也必定可以恢复。

第一篇　入则孝

　　"入则孝"是《弟子规》正文部分的第一篇。其中包括二十四件事情，篇名"入则孝"，顾名思义就是在家里要懂得孝敬父母。为什么要教孝？因为孝是道德的根本，也是圣人教化大众的根本。

　　圣人明了宇宙万物与我是一体。我与一切人、事、物，都是不可分割的生命共同体。这种一体的观念，称之为孝道。而"孝"这个字就代表一体。从时间上说，近的，讲父母跟儿女是一体；展开，讲过去遥远的祖宗跟未来无尽的绵延下去的子孙，也是一体。从空间上说，整个宇宙十方都是一体。真正证入了这种一体的境界，彻底认同了一体，这个人就称为圣人。因此，学习圣贤之道，从哪里入手？从学孝开始。

　　本篇篇题"入则孝"的"入"可以解释为入手处。圣贤之道从哪里入手？从孝道入手。孔老夫子在《孝经》里说，"夫孝，德之本也，教之所由生也"。教德、学圣贤之道，要从孝道入手，培养我们一体的爱心。有人说是爱人如己，这个观念，已经隔了一层，因为还有个他，还有个自己。真正入了一体的境界，哪里有他？哪里有自己？心量能达到涵盖宇宙万物的人，就是圣人。

曾子在《孝经》里向夫子提问说："敢问圣人之德，无以加于孝乎？"他问，圣人之德，有没有比孝更高的德？孔子说："夫圣人之德，又何以加于孝乎？"孔子说，还有什么比孝更高的德行，能称为圣人之德？

圣人提倡以孝治理天下。以孝治天下，必定能得到和谐社会，和谐世界。孔子在《孝经》里面讲圣治，他说"圣人之教，不肃而成，其政不严而治，其所因者本也"。圣人用什么方法来治理天下？《礼记·学记》上讲"建国君民，教学为先"，用教育。教育、教学又以什么为先？以教孝道为先。因为孝是人的根本，用根本来治理天下，自然得到政通人和、国泰民安。这就是"不肃而成"，不必用严肃的法律去治理，自自然然就能够达到和谐社会。从圣人的教导我们可以明了"法治"不如"礼治"。如果能用礼治，用教育的手段，让大家都能够孝敬父母，自然能够民风和睦。因此孔老夫子说，这就是古圣先王治理天下的至德要道。

"入则孝"，所谈的内容都是生活小事，真正会学的人，都是从小事、小道理里面去体会圣贤人的存心，去体悟治国平天下的至德要道。本篇所讲二十四件事情，也是举一个大概，每一条里面涵盖的意思都无限的深广。

父母呼　应勿缓

这句话字面上的解释是，父母叫我们，我们要马上答应，不能迟缓。这是要求小孩从小就要学对父母恭敬。如果父母叫我们，我们拖拖拉拉、迟迟疑疑，表现出来的那个样子就是傲慢，恭敬心就没有了。因此，孝第一要培养的是敬，"孝敬"，孝字后面还有一个敬字，没有敬，就没有孝。

有一次子游请教老师（孔老夫子）孝道，如果对父母能够用物质去供养，给父母很丰厚的生活的补助，这算不算是尽孝？孔子否认，这不算是孝。孔子说，"至于犬马皆能有养"。是说你养狗、养马也是养，如果是那样的话，养狗、养马跟养父母有什么区别呢？夫子说，"不敬，何以别乎"？孔子说，如果对父母没有恭敬心，那么你养父母，不就等于养一个宠物？有什么区别？那怎么能叫尽孝？因此，孝必定要跟恭敬心连在一起。而真能够有这种恭敬父母的存心，这个人就有福了。他在家里已经养成习惯了，对父母温和柔顺的态度，恭敬的存心，踏入社会，他这种气质一定会引起很多人对他的重视。领导一定喜欢这种人。这种恭敬的存心，就是他幸福成功的源泉。

"父母呼"，这个"呼"字，如果是父母开口叫了，我们当然要"应勿缓"。父母没有叫呢？我们也要去体会，父母有没有什么需要。父母有时候不一定是口上在呼叫我们，口上呼叫已经是万不得已了，我们要懂得听到父母的心声、父母的需要，不待他开口，我们就要应勿缓，这才是真正孝道。

孔老夫子的学生曾子，就是个大孝子。"父母呼，应勿缓"，他做得很圆满。有一天他上山砍柴，母亲一个人在家，结果一个朋友来找曾子，曾子母亲就慌了神，不知道怎样招待这个朋友。

想到曾子上山砍柴，不知道什么时候回来，怎么样才能把曾子唤回来呢？那个时候也没有手机。老人突然心生妙计，用牙齿把自己的手指咬了一口，流出了血。十指连心啊！母亲一咬破手指，曾子在山里面已经感觉到心痛。曾子念念都是想着父母，所以母亲的心一痛，他在山里面就有感应，不知道家里发生了什么事，于是赶紧跑回家。回到家里一看，原来是有朋友来访。母亲就告诉他说："因为朋友来了，我想赶紧把你唤回来，又不知道怎么唤你，就只好咬自己的手指，让你能够感应。"纯孝之心，可以有超越时空的感应。《孝经》说，"孝弟之至，通于神明，光于四海"。孝悌存心到了极处，可以与天地万物一切生灵感通。称之为"通于神明"。为什么四海能感通？因为是一体的。只是我们太麻木了。何以会麻木？因为我们自己的心里存着欲望，妄念把本有的感通的功能障蔽住了，屏蔽起来了，所以不能体会到父母的呼声，不能感知父母的需要了。

一个单位，有位年轻女子，休息日都和朋友到KTV去唱歌。一唱唱到很晚，然后又去酒吧喝酒，玩够了回家的时候，已经是夜静更深。在回家的路上，才看到手机上面显示有很多个未接电话，都是父母打来的。回到家里看到父母依然在等待她，而且等得面色憔悴。

为什么曾子可以感受到母亲的呼唤，而我们有手机，父母的呼叫都没能听到？表面看是被KTV的大喇叭音响覆盖住了。其实是物欲把自己的心给覆盖了，所以不能感知到父母焦急的呼声。父母的呼叫哪里是喇叭音响的声音可以覆盖住的？

《大学》上讲"格物致知"。真正尽孝，平时要懂得在"格物致知"上面下手。格物就是革除我们的物欲，才能够得到真知、真智慧。如果不格物，没有办法致知。因为智慧都被物欲给蒙蔽了，真正把物欲放下了，我们的心地就清明、透彻了，这样才能与天地万物有感应。这时父母有丝毫细微的起心动念，我们也能感知。这是一个纯孝之人才能做得到的。所以我们学习，要先从"父母呼，应勿缓"开始，慢慢提升自己的境界。真正做到"父母呼，应勿缓"的人，已经是积德、积福了。如果父母呼不肯应，按照自己的想法一意孤行，往往会出乱子。

有一个青年男子，读到"父母呼，应勿缓"这一句，心里面非常感慨。他想起自己少年时代遇到的一件事情，让他刻骨铭心。上初中的时候，他住在父亲单位的宿舍里，常常跟院子里的同学们一起玩。有一天，几个男同学邀他一起去给一个女同学过生日，开生日Party。就在他正要出门的时候，接到了妈妈打来的电话，告诉他"今天澡堂开放了，你跟我一起去澡堂洗个澡"。这个孩子当时很是犹豫，是听妈妈的话，还是跟自己的同学一起去玩？这个人算是有孝的根基的，他想到妈妈从小到大，为自己日夜操劳很不容易，妈妈叫了，就应该听妈妈的话，所以毅然拒绝了同学们的邀请没去玩，跟着妈妈去洗澡了。

这件事看起来好像很平常，当他第二天上学以后才知道，原来昨天晚上那几个同学一起喝酒作乐搞到很晚，几个男生都喝醉了酒，竟然把那个女生给奸污了，当场被警察抓住，几个男生都被送进了少年管教所。

几年后，这个听妈妈话的孩子，考上了重点中学，后来又考上了重点大学，毕业以后，到了一个很好的单位工作。有时他工作之余回到家里，偶尔也会遇到那些儿时的玩伴，当年曾经住过少年管教所的人。看见这些从管教所出来的人，虽然年纪已经不小了，十几年过去，也没有振作起来，有的人蹲在大院里下下棋，有的人搞一点小经营混日子。他们看到这位事业有成的人回来，也都显得很不好意思，躲躲闪闪的，或者是跟他苦笑一下，也没什么话好讲。

面对两条截然不同的路，要抉择的时候，也就是这个孩子一念之间的事。他一念生起感恩父母的心，做到"父母呼，应勿缓"，因此就走上了正路，没有随波逐流而堕落。假如那时候"父母呼，应勿缓"他没做到，跟这些同学们去玩，很可能也会喝醉酒，也难免会做出伤天害理的事情来。因此，回想起过去，这个年轻人非常感激自己的母亲。或许他的母亲至今都不知道有这么一回事，但是他真正明了，听父母的话多么重要。

我们回想一下从小到大，父母在无意之间，救过我们多少回。所以父母的恩德，真的是恩重如山，我们要报答父母的恩德，要常常体会这句"父母呼，应勿缓"。很多年轻人长大了，也有很好的事业了，但是对父母的呼声却是充耳不闻，对父母的需要，更是麻木，不能感知了。

有一年的母亲节，《广州日报》采访了不少的父母和儿女，而且特别采访了几位母亲。记者首先问这些儿女，母亲节到了，你们都谈一谈，你们要怎么样尽孝。结果不少儿女们都说，我要挣大钱、买洋房、买汽车供养我母亲。他们认为这样是尽孝。又问一下这些母亲,你希望你的儿女为你做些什么? 结果这些母亲,没有说要儿女给她买洋房、买汽车,很多父母都说:"我只希望儿女不要太忙了,这个周末能够陪我吃一顿饭。"父母对我们这样的一个小小的希望,我们能不能够体会得到,我们能不能够"应勿缓"? 我们常常将一个"忙"字作为借口。这个周末太忙了,公司还有事情,或者是说领导请吃饭。反正种种的理由就把父母给搪塞过去,总是心里没有把父母放在首位。把他的公司,把赚钱,把讨好领导放在首位。所以,别看这是生活的小事,这小事当中能够看到,我们有没有真实的孝心。如果忙于名闻利养的追逐,心就会越来越麻木不仁了。忙到最后,人生的方向都盲目了,到最后心里只剩一片茫然。那么忙到底,人生的意义又何在呢? 所以父母的呼声,我们不可以忽略。

当然父母要培养孩子孝心,也要懂得用正确的方法。也许不少人经常会看到这样的一幕情景,一个年轻的母亲,带着一个三四岁的小孩正在地上玩,母亲想要拉小孩回家,但是这个小孩在地上耍赖、打滚,就是不肯跟他母亲回去。尽管这位母亲叫了好几声,这个孩子都不理会母亲。于是这位母亲就从口袋里掏出一颗糖果,然后胸有成竹地走到孩子跟前,对着孩子把糖果晃了一下,就这么一晃,孩子眼睛就盯在糖果上面,然后母亲拿着糖果,在他眼前慢慢地拉了起来,就看着小孩一下子身体就直立起来了。我们看到这幕情景,就会联想到马戏团训练动物,就是这个样子。结果当这个孩子站起来的时候,这位年轻的母亲就问他，你想不想吃糖果？那个小孩二话不说就要用手去抓。结果母亲早有预防把手立即收回来，你想吃就得跟我回家。于是这个孩子就服服帖帖，跟着他妈妈回家去了。

这样的一幕场景，大概很多人在大街小巷都看到过。现如今很多年轻的父母，都是用这种方法管教孩子。我们试问一下，这样的方法管孩子对不对？想一想，糖果可以让孩子服服帖帖跟着回家，而母亲多少次的呼叫声，孩子居然充耳不闻。在这个小孩的心目中，糖果比他母亲更重要。这么小，父母就已经给孩子心田里种下了这种功利的种子，他可以为了功利而不要道义。这个孩子长大以后，可能他为了要一个手机，而千般地来打扰他的父母，随着他的欲望的增长、年龄的增长，已经不只是要糖果了，他要的是手机。再长大一些，手机不能满足他的要求了，可能父母要去买一台手提电脑，才能够满足他的欲望。上了大学，可能父母要给他买一辆小汽车才行。随着年龄越来越大，他的欲望也就无止境地在扩张。最后当父母已经没有能力满足自己儿女欲望的时候，儿女会怎么做？多少的父母年老的时候，被儿女遗弃街头。还有些儿女，为了争夺财产而谋害父母，酿成了种种的人间悲剧。

这都是从小教育理念的错误。父母在孩子幼年的时候，教的不是"父母呼，应勿缓"，教的是"糖果呼，应勿缓"、"手机呼，应勿缓"、"电脑呼，应勿缓"，说到底就是"物欲呼，应勿缓"。孩子长大后，他所应的也不是父母的需要，而是自己的物欲。长此以往，社会怎么能不乱？所以，挽救世道人心的道德教育已经到了紧要的关头。

父母呼,这已经不仅仅是我们自己的父母,还应该包括社会中每一个家庭的父母,他们的呼声我们有没有听到?他们的呼声是什么呢?呼唤儿女们回头,孝顺父母。面对社会大众那种急切的盼望,希望伦理道德教育的恢复,我们年轻人也要"应勿缓"。首先我们自己要去依教奉行,然后再将它广泛地宣扬,介绍给社会大众。

我在去年底,辞掉了昆士兰大学终身教授的工作,重新来到我的老师身边,做一名学生,继续学习传统文化。学习的同时也来讲习,把优秀的教育介绍给大众,"建国君民,教学为先",和谐社会也是教学为先。

"父母"引申出来不仅是指自己的父母,包括我们的老师、长辈,也包括我们的领导,他们的呼声我们同样也要"应勿缓"。

哪一个父母,不是望子成龙,望女成凤,都希望我们做一个有德有才、有一番事业的人。真正的好老师也是这样,希望我们做一个有道德、有学问的人。我们的国家、祖国、人民,对我们也是这样的期许。

对于父母、老师、长辈、祖国和人民对我们的希求,对我们的盼望,我们要去实现,要去真正落实。做一个有德有才的贤德君子,报效国家,报效人民,这才是真正做到了"父母呼,应勿缓"。再进而把心量扩大,涵盖宇宙万物,这才是孝。

《弟子规》在这里体现出一个最高的哲学精神,就是"一即一切,一切即一"。"一"就是任何一条,《弟子规》所讲的任何一条，都涵盖着一切的意思。仅"父母呼，应勿缓"这一条，就涵盖着圣贤圆满的修学，因为当我们不能够事亲，不能够忠于祖国，服务人民，贡献社会，不能够成圣成贤，孝道就不圆满。父母、老师对我们的呼声、盼望，我们就没有圆满应到。而圣人所做的也就是这"父母呼，应勿缓"而已。

《孝经》中将孝分为三个层次，"夫孝，始于事亲，中于事君，终于立身"。第一个层次，孝始于事亲。孝养自己的父母，这是事亲的阶段。第二个层次，中于事君。从侍奉双亲到侍奉君国，君就是领导，他代表祖国，用现在的话来讲就是忠于祖国，服务人民，为社会做出贡献。第三个层次，终于立身。立身行道，修养圣贤的品格，将孝做圆满。

我们的老师讲，《弟子规》打印出来仅一页纸，天平上面左边放一本《弟子规》，右边放《四库全书》，甚至将儒家所有的典籍都放在右边，天平上它们的重量平等。老教授用这个比喻来说明《弟子规》的分量，它的重要性绝对不亚于儒家一切典籍。《弟子规》是根，根涵盖着树木花果。这一句"父母呼，应勿缓"，也涵盖了所有儒家的典籍。

儒家典籍是教你成就圣贤，成就圣贤就是父母呼唤，你"应勿缓"。从这里就能够体会到，《弟子规》不是简单的一本给童蒙养正的小教材，它是一本帮助我们成圣成贤的大教材。懂得这样学习，这就是有悟性。纵然不能够学到像孔老夫子最得意的弟子颜回那样闻一知十的悟性，也得会举一反三，这样学就学活了，不是呆板的。如果只是把"父母呼，应勿缓"理解为父母叫我一句我就动一下，那就学呆了。

父母命 行勿懒

意思是父母对我们的教诲、命令，叫我们做的事情，我们马上要行动，不能懒惰。字面上的意思是教小孩学习孝道，要从这里学养成随顺父母意思的孝顺心。孝后面是个顺字，孝顺孝顺，顺才能得到孝。如果不顺父母意思，常常跟父母违逆，甚至顶撞，那就不能称为孝。"父母命，行勿懒。"父母叫我们做事，我们能够很迅速地行动，养成这个好习惯，就会一生受益。到学校里面，能够做到"老师命，行勿懒"。来到单位也能做到"领导命，行勿懒"。成家以后"先生命，行勿懒"，"太太命，行勿懒"。这样的人走到哪里，都受人欢迎，最后得到的是幸福快乐的一生。

我22岁到美国去留学，在学校里跟随一位大教授做研究助理。这位大教授在美国也是一个比较著名的经济学家。他的工作效率很高，产出率也很高，对自己的学生、手下人，要求也很高。

当时我刚刚到美国，什么都不懂，甚至英文也说不成片，在他手下干活可吃力了。通常他给我们一份工作，我们都要请问他一下，这个工作要什么时候完成？这位教授就会说，我昨天就该要了。意思是说，你还要问吗？赶快去做，已经过期了。他给的工作量，要求做的时间都很长，像我们按照工资来算，每周要做20小时。如果是这个教授给的工作量，20小时绝对完成不了，我要用40小时才能完成。对这位教授这么严格的要求，也要"行勿懒",不能懒惰,要扛着。他要我去做的都是一些处理数据,用计算器建立模型,做统计程序的运算等等的工作。但我从来没有跟他说,我一个礼拜本来只做20小时,现在要给你做40小时。因为我自己从中学到了很多东西,因此也就不介意,很欢喜替他工作。

结果摸索着走,后来他要求的工作量,我三十小时就能完成,渐渐20小时就完成了,再后来我10小时就能完成,因为熟了,熟能生巧。效率是越来越高,自己的工作能力也越来越强了。因此,最终得利益的还是自己。后来我做研究,也是请他做我的博士论文的指导老师。因为跟他已经合作了很多年,他的这些研究方法我也都掌握了,所以做起来很快,四年就完成硕士、博士所有的课程和论文。当时我们的系主任都说,我是学校完成博士课程最快速的一个人。不仅如此,后来我跟这位教授,成为长期研究上的合作伙伴。我们俩共同合作,写了很多优秀的论文,都发表在美国乃至世界著名的金融学、经济学的杂志上。

来到昆士兰大学,当时我们商学院每一位教授,他们一年平均产出零点六篇论文,平均一年写不出一篇论文。但是我平均的产出率,是一年四篇论文,而且质量都很高。真正肯服务,肯"行勿懒"的人,自己得到的利益是最大的。

当老师、父母、领导,要求我们做工作,不用介意说,怎么这么多工作量,好像自己吃亏了。没有吃亏的,这个天下没有真正吃亏的事情。要知道吃亏是福,你吃的不是亏,是福。父母,也可以指人民,所有的人民都是我们服务的对象,我们也要"行勿懒",

要全心全意为人民服务。

这里也包括"客户呼,行勿懒"。我们认识的一位北京的老总,他让公司的员工都来学习《弟子规》。售后服务部的有些员工,在分享"父母命,行勿懒"这句话很有心得。有一个员工说,过去接到业主的电话,有投诉的,有要求上门服务的,总是懒懒散散不肯去动。学了这一句,知道要把客户也看作是自己的父母一样,"父母呼,应勿缓,父母命,行勿懒"。现在再接到业主的电话,就立即行动,赶紧上门服务。渐渐发现业主对公司的产品满意度大大增加了,企业的声誉也因此得到了提升。

父母教　须敬听

这句话是说,父母的教诲,我们要恭恭敬敬地去听取、去领受。父母比我们年长很多,俗话说他吃的盐,比我们吃的饭都多,走的桥比我们走的路都多。所以他们的教诲,对我们身心必定有好处,对我们的人生,必定有积极的指导意义,应该虚心恭敬地去听取,避免走弯路。如果对父母的话置之不理,往往会吃亏。俗话都讲"不听老人言,吃亏在眼前"。父母都是真心爱儿女的,都希望儿女能够好,能够有成就,我们如果能够听父母的话,那就叫有福了。

我从小就非常听父母的话。尤其是母亲在我心目中,是一个非常有智慧的人。她的言行、举止,处处都是我的好榜样。我很小的时候,母亲就在思考我的人生规划问题。我小学毕业的时候，她帮助我上广州市最好的中学。我们家住在广州，当时广州最好的中学是华南师范大学附中。在母亲的培育下，我以广州市黄埔区第一名的成绩，考上了华师附中。上了中学母亲不断地督促我，鼓励我，目标是上重点大学。当时我母亲不希望我离开太远，只希望我留在广州市里，虽然成绩还不错，就报考我们广州市的重点大学——中山大学。

上了大学以后，我母亲在我19岁的时候，送了我一张生日贺卡。这是我上了大学以后的第一个生日。她给我的贺卡里写下了对我人生的规划。贺卡中写道："茂森儿，祝贺你19岁青春的年华。这是你迈进大学的第一个生日。世界上有两样东西，只有失去时才知道它的价值，这就是青春和健康，希望你做一个智者。身置庐山之中，而知庐山之美。你已经成年，今天和你谈谈我对你人生的总体策划。假如环境没有意外，你的道路是大学毕业，获学士学位。研究生毕业，获硕士学位。攻读博士，获博士学位。争取到当今世界发达的国家学习和工作。成家要晚，立业在先，遵循古训，修身、齐家、治国、平天下。在修养方面克服浮躁，一心不乱，增加自控能力。宁静致远，行中庸之道。30岁前学习积累，打基础。30岁至55岁成家立业，干一番事业。55岁后，收心摄心，总结人生，修持往生之道。这样当你回顾往事的时候，可以自慰地说，我活着的时候很充实，离去的时候很恬静。永远爱你的母亲，1992年5月。"

这是15年前母亲给我做的规划。回顾15年走过的路，我也很欣慰，可以说，都是在母亲规划的人生道路上走，越走越踏实，越走越欢喜。确实有不少母亲的希望我已经做到了。比如说获得学士学位、硕士学位、博士学位，得到了世界发达国家一个很好的工作；包括成家要晚，我还没成家。不过有很多母亲希望的事情，我还没有做到，比如说修身、齐家、治国、平天下，克服浮躁，一心不乱，增加自控能力，宁静致远，行中庸之道。这些都是圣贤人的品行。母亲所希望的，我这一生不仅仅是有一个成功的事业，还要再进一步，要成就圣贤的品德。这个确实是我要终生力行的。跟很多同龄的年轻人相比，非常庆幸自己是一个幸运者，也算是一个成功者。成功的秘诀在哪里？没有别的，就是"听话"。"父母教，须敬听。"不仅要听，听了之后要照做，要依教奉行，这才是敬听。敬听父母的教诲，得利益的还是自己。

"父母教，须敬听"，可以引申为，不仅对自己家的父母，对所有的长者，有德学的人，老祖宗的教诲，孔子、孟子这些圣贤人的教诲，我们也要敬听，听了之后要照做，方不辜负老祖宗对我们后代的期盼。

将中华文化发扬光大，最关键的是人。孔子说，"人能弘道，非道弘人"。人能够把一个道、一门教育、一种文化发扬光大，而不是这门教育、这门文化，把一个人捧起来，不是。关键是要去做到。作为一个炎黄子孙，作为一个中华儿女，现在还能够得到全世界人的恭敬、赞叹，因为我们的老祖宗有着五千年的道统，五千年的文化令世人敬仰，使得我们这些子孙都沾了光。我们如果躺在老祖宗的光荣本上，而不肯依教奉行，怎么对得起我们的老祖宗。

"父母教，须敬听"，还可以引申为一切人对我们的教诲，我们都要去敬听，别人给我们提的意见，我们要虚心、恭敬地接受。这些意见如果是正确的，可以帮助我们改过自新，帮助我们进步，我们应该感恩他。因为他能够提醒我们，能够提醒我们的这种人，就是好人。我们步入社会后，谁还能够对我们常常提醒，耳提面命？只有两种人可以做到：父母和老师。所以如果有人能够给我们提意见，我们要把他当作父母一样，感恩他。如果他提的意见不对，或者是故意来找茬、来挑衅，我们该怎么办？还是要"须敬听"，对他还是要虚心恭敬，还是把他看作父母一样。为什么？我没有这种过错，他提的意见不对，提错了，我们也不要放在心上。既然自己没过错，心里就应该很坦然。他说得不对，是他的问题，跟我有什么关系，不是我的错，为什么要生烦恼，还要跟他去辩论，没必要。这是用别人的过错来惩罚自己，让自己生烦恼，这是愚蠢的人才干的。聪明的人绝对不会干那种傻事，他能够给我们提意见，我们还应该感恩他，起码他有这种胆量，有这样的一种行为，就让我们感动。

唐太宗纳谏，有人讲他的缺点，即使讲错了，唐太宗也不介意，反而会奖赏他。别的臣子看到了对皇帝说，他这个说错了，你怎么还能奖赏他，惩罚他才对。唐太宗说，你们不知道，如果他说错了我就惩罚他，以后再也没人跟我谏言了，我奖励他，是奖励他这种精神。圣明的君主有这种心量，有这种智慧，他的成就大。所以能够对任何人都做到"父母教，须敬听"，就是养成我们虚怀若谷的圣贤品格。

父母责　须顺承

这是讲父母对我们的责备，我们要能忍受，能好好地反省自己，若有错，承认错误。若无错，有则改之，无则加勉。对待父母的责备、批评，我们都要欢欢喜喜地接受，这种态度是孝心的体现。父母的责备，都是出自于爱心。没有哪个父母生了儿女，是恨这个儿女的。真正了解父母对我们的这种爱心，对于父母的责备，我们就能够顺承。父母说对了，我们赶紧要改过。假如父母说错了，我们心里明白，也不必跟父母顶嘴。明白之后，对于父母的意见，我们要记在心里，没有这种过失要注意防范。怎么可以对父母的责备，心里产生不满、不服，甚至产生怨恨呢？

有一个女孩子，因为跟她的母亲吵了架，母亲骂她，她忍受不了就离家出走了。结果身无分文的她，又饥又渴在一个店门口徘徊了很久。大概是这种神情被饭店的老板从里面看到了，这个老板很慈善，走到门口问这个女孩子，"你是不是饿了，来来来，我请你吃一碗面。"这个女孩子一听，心里非常高兴，心想："哎呀，这下遇到好心人了。"就跟着老板进去店里，老板给她端出来一碗热腾腾的汤面，她就欢喜地吃下去了。吃完以后，老板就问她，"你身为女孩子，一个人出来做什么呢"？听了这一句话，女孩子忍不住泪如泉涌，哭着对这个老板说，"老板，因为我跟妈妈吵了一架，所以就跑出来了。结果遇到你这么好的好人，给我一碗热腾腾的面吃。哪里像我的妈妈这么绝情。"没想到老板听了这个女孩子的话，马上向她纠正说："你不可以这样讲话，你想想，我只给你这一碗汤面，你就已经这么感恩、这么欢喜。你的母亲从小把你养大，给你做了多少碗面，为什么你对母亲都没有一点感恩？"这一句话，提醒了这个女孩子。"哎呀，是自己错了。这么一个萍水相逢的人，给我一碗面，我都这么感恩戴德，认为他是一个好人，自己的母亲呢，母亲对我付出了多少？哪里是一个萍水相逢的人，对我们的付出可以相比的。"女孩儿开始醒悟，开始忏悔了。

父母偶尔对我们的责备，如果积怨在心，这是大不孝。要知道父母对我们的责备，就是对我们的成全，让我们积累福分。我的母亲常常跟我讲，世界上没有人能够真心批评你、责备你，除了父母老师以外。只有父母和老师才有这样的爱心，能够对你严厉要求。她跟我讲："我们这一代人，从幼儿园到小学、到中学、到大学，没有遇到过什么大的灾难，没有受到什么运动的影响，可以说是一帆风顺。你的祖辈、父辈都遭受过战争的苦难，遭受过各种各样运动的折磨，一生遭遇很多的坎坷。要知道没有受过磨炼，很容易栽跟斗，所以如果有人能够对我们责备、批评，来磨我们，这种人对我们就是有大恩德的人。"我妈妈常常告诉我，"福是逆着加的"。就是你的福分，怎么来的？逆着来的。责备、批评，甚至是打骂都加到你的头上，就是给你加福。从上幼儿园开始，一直到读完博士毕业，当教授，真的一帆风顺，这是多大的福分。要知道自己修了多少福？能不能够有这样的福分享用？如果父母对我们的责备，别人对我们的批评，我们不能够忍受，这种人就没福,等着他的是苦头。所以,我的母亲很有智慧,她对我的培养,绝对没有溺爱,虽然我是一个独生子,但是她对我管教非常严格。

我记得,当时我们在广州,母亲把我送到广州市第一幼儿园进行全托。礼拜一把孩子送过去,礼拜六父母才接回来。当孩子的总是念着父母,不肯上幼儿园。每逢星期一,早晨要上幼儿园的时候,我总是拖拖拉拉,总是在那里找借口不肯去。母亲也一点没有心软,拉着我就上幼儿园。我们是走路去,翻过一座山,大概要走40分钟。母亲让我自己背着书包,书包很大,装着幼儿园里用的衣物和用品。我当时才4岁,背着大书包,我妈妈就拖着我走。有时在路上,被妈妈的朋友看到了,大吃一惊,对我妈妈说,"哎呀,你怎么可以让这么小的小孩,背这么大的书包"?批评我妈妈,我妈妈也没有跟他辩论,在他面前把我这个书包接过来,继续走。等那个人走过去,然后又把书包还给我,让我继续背。后来我才明白,母亲这样做是为了锻炼我的素质,为我加福。所以,从小我的身体就锻炼得很硬朗,小腿很粗,那是走路锻炼出来的。我长大以后体质很不错,在中学、大学里都是学校田径队、游泳队或者是篮球队的选手。这都是我在孩童时代,奠定下良好的基础。从这个例子可以看到,我母亲对我从不溺爱。

我当时是很调皮的一个孩子,经常违反纪律,幼儿园里有些老师就向我妈妈抱怨说:"你这个孩子很难管教。"大概我从小就好动,我妈妈听了这话,就对这些老师说:"请你们尽量地严格管教茂森,如果茂森调皮捣蛋,违反纪律,你们就进行处罚,甚至骂他打他都可以。"结果老师得到我妈妈这种授权以后，真的对我就不客气了，以后我就老实了。现在哪里有像我母亲这样开明的父母，很少了。

现在我们常常听说，孩子在学校里受到老师的批评，稍微严厉一点，孩子就哭哭啼啼地回家向他父母告状，父母卷着胳膊就要去学校，跟老师论理，甚至要告老师。所以现在的老师，哪敢认真教学生？就让学生放任自流，不可能真心教，父母没有这种意识。真正要把孩子教得好，让他听话，让他孝顺，当孩子在外面受到人家的责备、批评，一定有它必然的原因，不仅孩子要顺承，更重要的是，家长要从内心顺承，父母首先自己要有这种理念，才能够真正成就自己的孩子。如果家长有这种态度，那就没有教不好的孩子。而孩子长大以后，也必定会感恩父母。我现在三十多岁的年龄，回想过去，对自己的父母真是无限的感恩。严格要求真的让孩子能够成才。古人讲的没错，"棒头之下出孝子"。你对孩子有打、有骂，拿棒子的那种可以出孝子，我就是这样出来的。我的父母在我小的时候，对我也是有打，有骂的，这都是帮助我，形成孝顺这种品德。这就是父母为我们加福。

谁有这种观念？明朝的袁了凡先生。他写过一篇《训子文》，叫作《了凡四训》，里边是给他两个儿子的四篇文章，是他的家训。

《了凡四训》里有句话说："即命当荣显，常做落寞想；即时当顺利，常做拂逆想；即眼前足食，常做贫窭想；即人相爱敬，常做恐惧想；即家世望重，常做卑下想；即学问颇优，常做浅陋想。"这就是常常要有一种居安思危的心态。哪怕是你自己很荣显的,也要常常有一种贫困、落寞的心理准备。人,哪里能够保证一生平平坦坦、顺顺利利。要在有富贵的时候,要在顺利的时候,要在丰衣足食的时候,要在家世旺重的时候,修养自己承受风雨、苦难折磨的心理承受能力。这是孩子的素质教育。

古人常讲"人生不如意事常八九"。要常常想到,我不如意的时候怎么办。即使是自己很有学问,也要常常想到自己还是很浅陋,心存谦卑、恭顺的态度。这样的人就是有福了。这样的心态,如何培养?就是要从"父母责,须顺承"这上面去养成。不怕吃亏,不怕被人责备。受责备、吃亏正是增福。要学会恒顺,学会"行有不得,反求诸己"。这样,福分才能够长久,学问才能够提升。

明朝有一个读书人叫张畏岩,他年轻的时候就已经很有文采,写文章写得很好,也小有名气。有一次他参加乡试,考举人,结果榜揭出来以后,发现榜上无名。他非常地气愤,于是就大骂考试的主考官,说他是"有眼无珠,写文章这么好,你怎么都没看上"?正在他骂的时候,旁边站着一位老道人,笑眯眯地看着他,好像看马戏团演戏似的。张畏岩看见道者这样一副态度,心里越发气愤,就迁怒于这位道人。道士就说:"相公,你的文章一定写得不好。"张畏岩听了之后,更加气愤了:"你也是瞎眼了,你没看过我的文章,怎么就说我文章写得不好?"道士说:"我只听说写文章最关键的是要心平气和这四个字。像你这样心不平、气不和,文章怎么能写得好?"张畏岩听了这几句话之后,觉得很有道理。古代的读书人都很讲道理，你把道理给他讲出来，他明白后就屈服了，气焰也就随之下去了。然后张畏岩就向这位道士请教，如何能将文章写好？如何能考上功名？道士讲："中不中，考不考得上全在命。你有这个命，你就考得上，你没这个命，你虽然文章写得好也没用，你需要转变自己。"张畏岩听道士这样一说，有点不明白，他又问："既然是有命定的怎么可能转变？"道士接着讲，这是一个很深的道理，道者说："造命者天，立命者我，力行善事，广积阴德，何福不可求哉？"这说明虽然有命运，但是立命之人，不是老天爷，是我自己，我自己掌握自己的命运。怎么样得好命运呢？"力行善事，广积阴德。"你的福多了，哪能说福报求不来，想得功名富贵都能得到。张畏岩又说："哎呀，你说做善事是好，但是我一介贫穷的书生，没有钱，要做善事都很难。"道士说："善事、阴德都是我们心造的。只要有这颗心，常常都为善，起善心，起善念，自然就是功德无量。比如说谦虚这是一种美德，它又不费钱，你刚才考不中，在这里大骂考官，说他是有眼无珠，你这不是等于损了阴德吗？为什么不好好反省自己，自己德行不够，没有这个福分，所以尽管你有好文章，也考不中，没这个福报。"张畏岩听道士这样一说，明白了，知道原来"行有不得，反求诸己"，君子首重修养德行。

如同射箭一样，你这个箭要射不中，你会不会说"这个箭是哪个厂家生产的？质量怎么这么差。这个弓，是哪个地方出产的？怎么这么差，害得我射不中"。真正有理智的人，绝对不会这样的抱怨。他只会抱怨自己，因为射箭的功夫不够，所以射不中靶心。

也就是行有不得，反求于自己。当张畏岩明白这个道理以后，他回去每天护持自己的念头，丝毫不动恶念，逐渐增长德行。别人批评、责备都能够顺承。"父母责，须顺承"他做得很好，果然三年以后，张畏岩考上了举人。

要知道，功名富贵，一生的吉凶祸福，都是要靠我们自己去创造。能够在日常生活当中，修养自己的厚德，我们的福分就会越来越大。幸福人生，成功事业乃至于最终成圣成贤，就都不是难事。

冬则温　夏则清

这句话字面上解，是子女对父母要时时关心，处处留意。冬天要给父母温暖床被，让父母晚间休息的时候感到暖和。夏天天气炎热，儿女应该给父母扇扇凉，让父母生活在一个清凉的环境里。这些行为虽然都是小事，但是处处都表现出一个孝子的纯孝之心。天长日久就能养成对父母爱护、关怀的习惯，我们的心地也就变得非常的善良。当这个纯善的心养成以后，不论待人、处事、接物都自然而然地生起温良恭俭让的态度，做事都是为他人着想，而不是为自己求名求利，自然就得到大家的尊敬、爱戴。

历史上，有一个很著名的"黄香温席"的故事。东汉年间，有一个孩子叫黄香，他9岁的时候他母亲就病故了，只有他父亲跟他在一起。他深深懂得孝道，黄香日夜思念自己过世的母亲，于是就把这种哀痛的心，转成对父亲的孝顺。家里无论大小事情，他都主动去做，虽然年纪很小，但是他侍奉父亲却无微不至。盛暑，天气酷热，黄香吃完晚饭，就会到父亲住的屋子里，把席子扇凉，当父亲要入睡的时候，黄香就在床边给父亲扇扇子，左手扇完，用右手扇，一直扇到他父亲入睡，这时候黄香的双手都已经又酸又累了。但是黄香年复一年，不间断地为父亲这么做。冬天北方严寒，黄香吃过晚饭以后，早早就钻进了父亲的被窝里，用自己的体温把被褥暖热了，然后再请父亲入被窝，也是年复一年。乡里的人都非常赞叹这位孝子。长大以后，他的这个孝行传遍了四乡八里。当时的太守听说有这样一位孝子，也非常的赞叹，特别推荐黄香出来做官。古人称之为"举孝廉"。

为官者他们有一个非常重要的任务，就是为国家推荐栋梁之材。推荐人才的两个标准，一个是孝，一个是廉。当一个人能够孝顺父母，他一定会忠诚于国家。他能够廉洁，他就不会贪污，他能够奉公守法，他为官就能做到刚正不阿。太守把黄香推举出来，后来黄香官拜尚书，现在讲的尚书令，他为官一生，也是处处为民众着想。从东汉起，孝子黄香温席的故事一直流传至今。《弟子规》"冬则温，夏则凊"，黄香孝行是最好的写照。

我们学习这句，不是也学着黄香，机械地去做。夏天炎热，我们能出钱为父母购买一台空调机。晚上炎热，我们先把卧室里的空调打开，当气温降下来以后，父母要休息的时候，我们要把空调关上，因为开着空调睡觉对身体不利，关上空调可以保全人的阳气不散，这是一种生理卫生。所以学习"夏则凊"也要懂得科学，冬天，特别是北方天气寒冷，我们可以为父母添置一台暖气机,让父母能在温暖的环境里生活。不管怎么做,原则是身为子女的我们要处处体贴关怀父母。老人家年纪大了,我们要常常想到,如何能够让老人过上幸福美满的晚年。

我们的师长曾提出要建立"老人乐园"的建议。这个老人乐园与老人院的不同之处就在于,老人在这个"乐园"里面,生活很快乐。如何快乐?每天都会开设老人家喜欢的一些文艺、手工艺或者是传统文化的课程,让老人家有一个丰富的精神生活。而且还常常为老人家举行一些文艺表演。老人家自己如果有一门手艺或者是一门技术,可以开班教徒弟,使老人家的这些技艺,能够有传人,让老人最开心的事情是老有所用。如果有些老人,在传统文化这方面造诣比较深,就请老人家出来讲课,老人家可以把他们的心得与年轻人分享。可以建个摄影棚,为老人家录制讲课的光盘,免费赠送给学校或者是家庭,作为义务的伦理道德的社会教育。

在老人院服务的员工们,都要受《弟子规》的培训,真正生起对老人的孝顺心、恭敬心。伺候老人,如同伺候自己的父母一样,让老人在这里面不会感觉到孤独寂寞。因为每天照顾他生活的人,都是他的孝子贤孙。他们每天都生活在丰富多彩的生活里,他们会感觉到越老越快乐,不仅是老有所养,也是老有所乐。这些对老人的照顾,要体现出我们中华民族传统敬老爱老的精神。这就是"冬则温,夏则凊"给我们的启示。我们能够爱护老人,恭敬老人,到我们老的时候,也能有年轻人来爱护我们,恭敬我们。古人讲,"爱人者,人恒爱之;敬人者,人恒敬之"。所以，真正以一颗孝心对待老人，就会结出丰硕的福德之果。

晨则省　昏则定

这是讲，早晨起来要向父母问早安。晚上睡觉之前为父母铺好床枕被褥，陪伴父母，让父母能够在安定当中入睡。就在这些生活的小事中，处处体现出儿女知恩报恩的孝心。想想我们还是婴儿，在襁褓中，是谁日夜地来照顾我们，关怀我们？只有父母会这样做。晚上我们可能会大吵大闹，不断地啼哭，甚至把床铺都尿湿了。"推干就湿"是说父母让孩子睡在干处，自己睡在孩子尿湿的地方。长到四五岁才真正脱离父母的怀抱。因此，父母的养育之恩德确实比山还高，比海还深。今天当我们的父母年纪大了、老了，我们是不是也应该对父母进行回馈，报答父母的养育之恩。而这句"晨则省，昏则定"，就是我们为人子应尽的这份心。

在公元前一千多年的周朝，周文王就是这样侍奉自己的父亲的。文王对父亲非常的体贴，每天三次向父亲问安。当听到父亲身体还不错，文王心里就会很安定。如果父亲身体不适，文王心里就很忧虑，就一定要在父亲身旁照顾，而且晚上睡觉是衣不解带，直到父亲的身体好转，文王的心才安下来。这就是历史上著名的"文王三省"。可见得周文王之所以被孔子誉为"圣人"，确实他具备了纯孝的圣德。事情虽然很小，但是能够坚持这样做的人，实属难能可贵了。只要我们细心去体会父母生活的需要，时时处处我们都有机会来回报父母。

我在美国和澳洲都是跟母亲一起居住。常常我也会发现，母亲晚上睡觉之前，最喜欢我在她旁边跟她说一会儿话。说话的话题并不重要，只是随便聊天，可能是聊这一天下来，自己在工作单位有什么见闻，遇到什么人，什么事，或者是自己学习传统文化有些什么样的心得体会，总之天南地北聊得很多。聊着聊着，就发现母亲的眼睛慢慢闭上，睡着了。看见母亲睡着之后的脸上还露着一丝微笑，我能想象到，母亲入睡这么安稳，晚上一定会做个好梦，于是就静悄悄地蹑手蹑脚地离开。

"晨则省，昏则定"，我们如果有心，其实做起来并不难。而能长期这样做，不知不觉就在积累自己的厚德。这句话引申的意思，就是要常常懂得安慰父母。假如父母有不顺心或者心里面有烦恼，有忧虑的时候，我们要常常懂得开导父母，让父母的精神愉快。而开导父母最重要的就是用传统文化，因为中华古圣先贤，他们都是最幸福、最快乐的人。他们并不一定很富裕，但是喜悦无比，因为他们确实做到如孔子所说，"学而时习之，不亦说乎"。我们如果能够常常用传统的伦理道德修养的这些教诲，与父母分享，也能够让父母心开意解。很多时候，忧虑、烦恼都是自己心里面自设障碍，只要想开了就没有烦恼。我们学习传统文化，要帮助父母也在精神、灵性上提升，这也是尽孝。

孝顺父母，不仅是供养父母一点钱、一点物质，给父母好吃好穿。那只能是供养父母之身，那不是尽孝，因为有好吃、有好穿未必快乐。特别是富裕人家的父母，越有钱他越苦恼。因此，真正让父母快乐的是帮助父母，在精神灵性上提升。这种让他心开意解的快乐，称之为孝养父母之心。再上一层，孝养父母之志。如果父母没志向，我们也应该帮助父母立志向。可能父母并没有学过很多传统文化，我们学习了以后，也要启发父母立志。不仅自己立志做圣贤，还要启发父母也立志做圣贤。如果父母说，"我都老了，还做什么圣贤"？要劝说父母，不能这样想，圣贤跟凡俗之人有什么区别？就在于存心不同，不是在年龄不同。圣贤的存心是为天下人着想，绝不为自己。凡俗之人都是自私自利。自私自利的结果，是患得患失，他就没有快乐。圣贤人没有得失心，起心动念都是天下为公，他就得到大快乐。那种快乐绝对不是我们凡俗私心能够体会得到的。我们自己做好榜样让父母看到，也应该帮助父母这样去做，那才是真正的欢喜。

"晨则省，昏则定"是小事，但不能说小事无所谓，只要做大事就好了。要知道，能做大事的这种品德、能力都是从小事当中培养成的。老子讲，"九层之台起于垒土，千里之行始于足下"。这是说，高楼大厦是一沙一石积累起来的。走千里之路，还需从脚下一步一步迈出。因此，要做大事，要先从小事上训练，要养成大德，要在小的行为上去培养。古人讲，"勿以善小而不为，勿以恶小而为之"，就是这个道理。

出必告　反必面

这个"告"字，古音读"故"。告就是报告的意思。讲的是儿女出家门前，必定要先向父母禀告一声，"爸爸、妈妈，我走了"。

无论上学、上班或者要去探亲访客，总要告知一下父母，最好事先要跟父母打好招呼，征得父母的同意，父母批准了我们才出去，这是必要的礼貌。

"反必面"是指回到家里，要先向父母报告，"爸爸、妈妈我回来了"。让父母看得到，他们的心也就安了。这些行为体现出，作为孝子心里常常存着父母。如果心里把父母忘了，很可能这些细节也就忽略了。出家门前忘记和父母打招呼，父母也不知道他上哪儿，等了很久也没有音信，在家里非常担忧。回到家里也不吭一声，就进了自己的房间，关上门。父母也不知道他回来，一出屋门，反而把父母吓一跳。

这句话，我们要体会到，它是告诉我们常常存有让父母安心的意念。如今的社会，儿女长大了往往会离开父母，考上大学要到外地去读书，或者出国留学，或者到外地去工作，或者出差等等。要知道父母总是惦记儿女的。我们常常要让父母知道我们的消息，给他们打电话、写信保持联络，让父母心安。

记得我在美国读书的时候，一个人远渡重洋，我是独生子，父母在广州。他们肯定都记挂着我。我就每一个星期给父母打电话，每两个星期必定给父母写一封长信。很多时间就花在煲电话粥、写长信上。信洋洋洒洒一写就是五六页，讲述留学期间老师、同学的一些生活情况，还有自己的一些心路历程，可以说是无话不说。父母每次接到电话，每次收到信都是非常欢喜的。这我都能够体会得到。有时候妈妈很高兴，会把我写的好几封信里面的内容，摘抄出一些重点，然后还写一些评论，再把信寄回美国，让我看到这些摘录，体会自己当时写信时的心境，而妈妈又是怎么评论的。就很多的问题，母子之间进行沟通，我自己也从中获得很多的利益。确实有感于古人所说，"家有一老，人有一宝"。老人确实是我们的宝。他们用人生的经验，智慧来指导我们，使我们避免走很多弯路。

在美国留学期间，留学生中流传着一句风凉话："一年土，二年洋，三年忘了爹和娘。"这是说出国留学的人，第一年土里土气，第二年洋气起来了，融入了西方社会，第三年他就把国内的爹娘都忘了。这样的留学生，过几年再看他，有没有得到幸福？没有。因为他为人处事、交友都是功利的思想。有利益的事，才去做，没有利益的事，连爹娘都忘了。想一想，这样的人会有真心的朋友吗？会有真心帮助他的人吗？即使是跟他结了婚的先生、太太也不一定跟他以真心交往，他必定是生活在烦恼、痛苦当中。因此"出必告，反必面"，也是帮助我们修养德行。

"出必告，反必面"不仅用在对父母，在工作单位里，对领导我们应该常常做汇报。因为领导很忙，不一定每件事情都会向我们了解情况。有机会要多向领导报告，请示工作，这也是对领导的忠诚。这个忠心，也是从孝心里面发展起来的。我们向领导请示报告，忠诚于领导，并不是为了讨好领导，不是为了自己升官、长工资。不是！真正是一个本分。做人应该是向领导负责，向单位团体负责，向国家人民负责。能够这样做，我们在单位里面，一定是上下和睦，所谓"君仁臣忠"。下属对领导很忠诚，领导自然对下属很仁慈。彼此之间，都以道义相交。一旦单位出现了问题,如果是面临有危机,员工也不会舍弃领导,这都是一种忠义。朋友之间,同事以及一切人之间,多交流、多沟通,都是处理好关系的要素。人如果常常能够和他人沟通交流,人家对自己的猜忌、怀疑也就少了。

人如此,团体如此,宗教之间如此,党派之间如此,国家之间亦如此。当今世界宗教与宗教之间,很多的矛盾冲突都是因为互相不了解。我的教说你的教是魔教,你信的那个神是假的,你的教又诋毁我的教。互相都不了解,互相都在诋毁。任何一个宗教,所宣讲的都是劝人为善,都是讲伦理道德,何必互相诋毁?只要多沟通、多交流、多互相访问,很多的误会、猜忌就能够化解,就能达到相互合作。党派之间、国家之间、种族之间也是这样,只要能够建立在彼此相互信任的基础上,互助合作,共存共荣,这个世界一定是和谐的。

"居有常"讲的是,我们居住的地方要固定,不要老搬家。为什么?因为老搬家的人心不定。在美国很多朋友都告诉我,说他最怕搬家,因为搬家,人真的是累得脱一层皮。一搬家,中间打包、清扫、卖房、买房,这些事情真的让人很费心力,很多的时间都被浪费掉。如果是父母年纪老了,更不能够随便搬家,因为老人家经不起折腾,上了年纪的人,往往是一折腾,身体弱的话,可能会影响到生命安全,所以老人家尽量少动。人静下来的时候就能生福,能够生智慧。我们求学的人也要懂得"居有常"的道理。居住的地方不用求好,不要求十全十美,只要有一个小房子住,能够打扫起来很方便、很容易,我们的时间可以节省下来,用在我们的学业、道业上面，这样心比较容易集中。

我自己能够在学术上有一点点成绩，很大一部分原因是得力于"居有常"。我在美国博士毕业以后，到美国德州大学教书。当时在大学的附近租了一个小公寓跟我妈妈一起住。我妈妈也很主张住小房子，因为住大房子很累，打扫起来真的是很费工夫，如果自己打扫不了还要请人，那也很麻烦，还要费钱。小房子可能半小时、一小时就能够把它整理得很干净。所以，三年里很多人劝我们买个房子，房租很贵，而且租下来十几二十年，房子还不是你的。若是买房子，贷款加上偿还的利息，其实和租金也差不了很多。当时我们就觉得没工夫，不愿在生活上面去浪费时间，而是全心全意专注在学业、工作方面，所以工作成绩也很突出。

无论在美国还是在澳洲，我的学术成绩在整个商学院里面都是最好的。虽然年纪最小，但是出产的论文数量和质量，在学院里面都是最高的。所以"居有常"不仅可以让我们不浪费时间，而且帮助我们心安定，安定的心可以让我们生智慧。《大学》里面说，"知止而后有定，定而后能静，静而后能安，安而后能虑，虑而后能得"。就是让我们懂得知止。知止是什么？懂得放得下。房子很贵，我们就租房住。租房子不合算也没关系，不浪费时间，不在经济上考虑问题，在经济上能放得下，这叫知止。人一生目标不可以太多，希望有学术上的成就，又希望同时能赚大钱，还希望房子能够省钱，种种的想法，常常会让我们的心不定。能够知止，很多事我们不做，这就有定。定了之后，心就能安静。用安静的心学习，就能够考虑得周详。有智慧，智慧能帮助你成就。这个得就是最后的成就。我们凡人一般来说，都受环境的影响，因此让我们自己创造一个安定的环境，帮助我们学业长足发展。

居有常　业无变

古代的人们做得非常好。古人造一间房子，可能是四代、五代人都居住在里面，都不动。不动，家业就能够兴旺。老动，气就不稳了。

"居有常"引申的意思，也可以解释为我们的起居，我们的生活作息要有规律。一个人生活起居规律，他就健康。早起早睡这是健康的一个重要前提。很多中医都强调晚上九点钟以后，人的一天就进入了冬天。人的一天也有春夏秋冬。晚上九点钟以后进入冬眠的状态，晚上九点到第二天早上三点，是应该睡觉的时候。三点到九点这一段是春天，春要发，这个时候就应该起床。九点到下午三点，这是人一天的夏季。夏季是精力最旺盛、最饱满的时候，这个时候工作效率会很高。当然盛夏的午时，十一点到下午一点，这段时间如果能够休息半小时到一小时，能够保养我们一天的元气。下午三点到九点，这是人一天的秋天，慢慢地收藏了。一天之内的春夏秋冬就像四时寒暑，我们要循着天时而作息，这叫有常，"居有常"的人往往能够活得长久。能够早起早睡的人，他的脸色都很好，有阳气。他的生活与天时是同步的。如果起居无常，生活没有规律，晚上不睡觉，早上不起床，这个人的脸色就总是灰暗或者是枯黄的。因为脸上没有阳气，他不能够与天同步，这样对身体不好，这也是不孝。

清朝曾国藩先生，曾经教训自己的子弟说，"人必须要早起"，看一个家庭能不能够兴旺，其中一条看这个家庭的子弟能不能早起。早起的家族，有兴旺之相。

记得我从小，母亲就对我生活作息方面有严格要求。人总是有一种惰性，早上要起床的时候总想赖赖床，特别是冬天，被窝里很暖和不想起床，这个时候母亲天没亮就把我叫起来，起来洗漱一下，读读书。等到天已经亮了以后，太阳已经升起来的时候出去锻炼，吸收阳气。锻炼不用很剧烈，但是精神能提起来，呼吸室外的空气，一整天都精神饱满，精力充沛。到了晚上，都早睡觉。我母亲的身体也很不错，精力饱满，说话声音也很洪亮。她一生就得力于早起早睡和有规律的作息，加上锻炼身体。

我上中学在广州华师附中，那时候我是住校的，住校的生活确实是很有规律的生活。早上是铃声叫早，然后组织出去操场做体操、跑步、锻炼身体。白天学习，中午有短时间的午休，下午有锻炼身体的时间，然后晚上必定十点前熄灯睡觉。这些都是从小帮助孩子养成一个很好的生活习惯。我这个习惯一直保持到现在。养成一个好的习惯，让我们终身受益。《易经》讲，"天行健，君子以自强不息"。君子的生活行为都要效仿天，天的运作非常有规律，日月星辰四时寒暑非常有规律，一点不会紊乱。君子的生活行持，也应该像日月星辰，四时寒暑一样自强不息。

"居有常"，这个"常"是恒常。有规律才能恒常。恒常，才是中庸的思想。何谓中庸？"中"是不偏不倚，中道，不激进。我们要把学业或者把事业搞好，不是靠突击。"庸"是平常。因为行中道，才能够持之以恒。例如我们华师附中，它的高考率每年都是广东省最好的。为什么有这样的成绩？百分之五十以上的原因，是这个中学有很好的生活作息。培养出来的孩子，都有很好的身体，有很好的能力。而"欲速则不达"，很多孩子在考试之前，开夜车打着电筒在床上看书，这种"挑灯夜战"的学习态度，不仅不能得到成功，反而会把身体搞坏。

"业无变"的"业"，是讲我们的职业、我们的事业不能够变化。我们一生立定一个志向，选择好了一个事业，只要正确，终身不改，就能够在这个事业上得到大的成就。因为心专注，专注的人出的成绩就高、就快。我们看到现代的人，心都很浮躁。一个普遍的现象，就是老跳槽，找到一份工作，做没两天就不喜欢，就换到另外一个单位工作。一年换上几次，这样他的心怎么能安定，他怎么能够学到真实的学问？我们讲人要有个专业，专业就是要专，才能出业绩。总是变的话，就没有办法出成绩。换来换去到最后，把这一生的光阴都浪费掉。当然我们选择职业、事业是非常重要的。如果选择一个很好的职业，能够一生不改变，我们在这个职业上，就能做出突出优秀的成绩，就能够为人类做出很大的贡献。如果选错行业，就麻烦了。俗话讲，"男怕入错行，女怕嫁错郎"。男人选择行业，就和女人选择丈夫一样，不能选错。选错了就有很多麻烦事。我们选择行业，要懂得有个标准，这个标准就是用道德来衡量。

　　"道"就是宇宙的本体。我们没有办法体悟道，只能体悟德。循着德的这些事业，我们去做就能帮助我们见道。那些不好的事业，如杀、盗、淫、妄那些行业不能选择。杀，不仅是杀人，动物都不能杀。因为杀动物把自己的慈悲心、爱心，与天地万物一体的心破坏了。因此，儒家不主张杀生，也不提倡随便吃肉。孟子都七十以后才吃肉。偷盗的这些事情，现在确实很多。比如侵占版权的行业，生产没有版权的音像产品，盗版或者是偷税漏税，这些行业都不能做。邪淫的行当，更不能做了。还有妄语，就是说大话骗人。比如欺骗消费者利益的广告，或者是生产不真实的伪劣产品，都是造恶。这些行业一定不要选择。如果这个公司是做这些行业，我们不要参与，参与进去没好处。即使是选择了正当的行业，我们也要常常检点，要奉公守法，不能有私心，有私心往往就会利用自己的行业，损害别人的利益，而中饱私囊。

　　比如律师的行业，应该是匡扶正义，是本着法律维护着一切人的公平。如果律师为了自己得到一些诉讼费，而故意怂恿他人去诉讼，这种心态就是唯利是图。又比如医生，这是一个正当行业，救死扶伤，是无量的功德。假如为了推销药品从中得到回扣，故意给病人开一些很贵的药，这就叫作伤天害理。甚至有的外科医生，一个肿瘤本来可以一次切除干净，他偏偏要分好几次进行，让病人经过几次手术的痛苦，而每次必定有很多的收费，这种行径，真的是谋财害命。又比如说一些新闻媒体，媒体的职能应该是为社会大众宣传真、善、美的理念，把好的节目播放给社会公众，让大家从文艺娱乐中生起伦理道德的心，生起正念。

可是现在的媒体，为了增加收视率，很多广告、节目内容充满着污染，往往让人起邪思，是把正当、神圣的行业玷污了。要明了，无论哪个行业，我们都要秉着一颗公心去做，不要为自己谋私利。

"业无变"，这一句说到我们求学要"业无变"，就是选择一门专业之后，要懂得"一门深入，长时熏修"。这样你必定会在这门学问上得到成就。我们看到很多科学家，他们都是在自己的专业领域里，几十年地去下功夫，为此才会有相当的成就。每一个行业，不论士、农、工、商，都能够出状元。而成就的秘诀就在于专，一门深入就能成为专家。

我在昆士兰大学，带两个博士生。我带博士生的要求很高，不像一些老师带很多博士。甚至一个老师带着几十个博士，连有些博士的名字都不知道。我只带两个，而且我的要求很高。我告诉他们，你跟我学，一定要老老实实，不要求快，不要求新，脚踏实地地去学习。因为我和其他老师要求不一样，所以能够接受我的理念的人不多。博士生选择课题，都是做老师的为他们选。一个研究课题选定以后，剩下的工作基本上让博士生自己去完成，老师在一旁指导。我告诉他们，你读的这些论文，书目是我指点给你的你就去看，每篇论文要求看十遍，整篇论文你要烂熟于心。金融领域的论文，常常都比较深，而且需要建很多数学的模型，来进行运算，来求证。我要求学生把这篇论文读懂、读通，通到给你同样的数据，你就能做出来，还能够完全重复一篇论文里的实验，读到这个程度，才能算毕业。然后才能看第二篇论文。因此，给他们规定看的论文并不多，但都是这个领域里的中心论文，他们若都能看通了，则一通百通。学术领域里面的研究，其实并不是很困难，只要能够通一门，其他这些题目是触类旁通的。这两个同学都能够这样做，成就也不错，论文写得也很不错。

《三字经》里讲，"教之道，贵以专"。教和学的方法就是贵以专。能够专注于一门，成就就大了。学习传统文化的教育，关键也是在"贵以专"。我们的恩师，他要求跟他学习的学生就是用"一门深入，长时熏修"这个理念。首先要扎好德行的根。中华传统文化儒释道三家，儒的根在《弟子规》；道的根在《太上感应篇》；佛的根在《十善业道经》。这三个根都扎稳了，然后选择一门，这一门可以是任何一部经典。如《论语》，如何学？用十年功夫。看参考资料，然后讲这部《论语》，就等于你的心得报告。边讲边悟，边用到自己的生活中。如果每天讲个半小时到一个小时，大概四个月你就能讲完，讲完之后再重复讲，一年可以讲三遍，十年讲三十遍。讲三十遍以后，你也就成为《论语》的专家了。世界上没几个人，能像你这样对《论语》如此融会贯通的。当然我们讲也可以旁听别人的科目。比如我学《论语》，他学《礼记》，我可以旁听他的课，把他讲的这些思路，拿来做参考，融会到我讲的这篇《论语》里面。这样融会贯通，既能够深入，又能够博学。这是我们老师为我们提倡的古圣先贤的教学方法。

事虽小 勿擅为 苟擅为 子道亏

这句话意思是说，为人子，哪怕是小事，都应该常常去请示父母,不能够擅自做主张。如果擅自做主,往往可能把事情做坏了,不仅对不起父母,而且为人子之道也亏损了。这是告诉我们,不能够增长自己的主观意识。特别是孩子小的时候,自己的想法、主观意识,往往不成熟,容易造成不良的后果。所以对于父母我们要常常进行报告、请示。当我们能够培养出处处以父母为重,以大局为重,顾及父母,顾及大局的心,而不只是主观任意,凭着自己的兴趣爱好去做主,我们慢慢修养成的这种心叫孝心。如果是常常自作主张,就很容易任着自己一己之私,为着自己的名闻利养、自私自利的企图,而不顾父母,不顾他人,那就失掉了孝道。我们对待父母应该这样,对待老师也应如此。老师教诲我们要常常记在心里,不要擅自违背老师的教诲。父母和老师都希望我们成才,都希望我们做个有德、有学的人。哪个父母、老师希望自己的子弟,将来成为一个杀人犯? 哪个父母、老师希望自己的子弟将来坐监狱? 不会的。所以我们做任何的事情,都要想到,我这么做有没有亏欠道德。如果亏欠了道德,就亏欠了父母,也对不住老师。虽然事情再小,我们也要谨慎。

孔子的弟子颜回,是孔子最赞叹的学生。他一生就奉持"四勿",这是他的四条戒。所谓"非礼勿视,非礼勿动,非礼勿听,非礼勿言"。这四句是讲,凡是不符合礼仪、规范的不道德行为,我们不能去看,不能去听,不能去说,更不能去做。哪怕是再小、再细微的事,我们都要处处依礼行事。这是在日常生活中,培养自己的修持功夫。如果平时起心动念,生起了私心,往往就会把自己的良心覆盖了。所做的事情可能是循着自己的欲望,而亏欠了天理。因此小事不注意，积累起来将会造成对道德的大亏损。

物虽小　勿私藏　苟私藏　亲心伤

这句是讲，做儿女的不应该私藏物品。因为在没有长大成人的时候，要明了自己身从何来？是父母所生的，我们与父母是一体的，所以我的东西就是父母的东西。怎么可以私藏？这里关键是"私"字。有私心藏匿东西，背着父母不让父母知道，当父母发觉了，他就会很伤心。他所伤的不是你把那个东西拿走了，东西并不稀罕，关键是你的孝心，已经被你这一己之私破坏了。这是让父母难受、难过的地方。如果处处都有与父母一体的观念，就不会有私心要藏匿东西。

记得我小的时候，父母很注重培养我这方面的行为。逢年过节，大人们通常都给我们小孩子一些压岁钱。小朋友拿着压岁钱，一般来说都不会自己藏匿，不会自己要，而把这个钱去交给父母。这个时候父母一定要收下来。因为如果父母说，"这个钱你留着，将来你可以自己使用"。久而久之小孩子会形成"这是我的钱，是我自己用的"这种想法，那个私心就会逐渐增长。因此父母在这个时候，要有这样的一个意识，注重孩子第一次的行为，当孩子把钱交给父母的时候，他心里没有私心，这是"人之初，性本善"。如果父母不懂，让孩子自己去存私钱，慢慢就把他的私心培养起来了，当这个私心越来越重的时候，可能就会为自己的私利而置父母于不顾。这些细节问题，身为父母的要很注意。

也就是因为我从小受到良好的教育，长大成人工作以后，我所有的钱都入到我和母亲两个人的账上来，绝没有自己的私财，到现在都没有私财，我的钱都是父母的钱。父母生我，养我这么大，那个恩德报都报不完，怎么还能跟父母计较，藏匿自己的私财。以后工作了，赡养父母，赡养老人，我觉得这是很自然的一种行为，本来应该要这样做的。圣贤人教诲我们这句，关键是断我们的私心，要从孩子小的时候下手。不是说物不准你藏，而是不准你私藏，如果你藏物不是为了私，是为了公，为了父母，那没关系。

东汉时期，有个孩子叫陆绩。这个小孩从小就很孝顺，6岁的时候，江西九江的太守袁术，请陆绩来一起吃饭，吃饭的时候看到，陆绩偷偷把桌面上的橘子藏到自己的衣袋里面。孩子吃完饭告辞的时候，一鞠躬，橘子滚了出来。太守就批评他："孩子，你这么小，为什么要私藏物品？"陆绩就对太守说："请太守息怒，您给我的这个橘子实在是非常好吃，所以我想拿个橘子回去供养我的母亲，让她也品尝分享一下橘子的甘美。"太守听了之后非常的高兴，也非常地赞叹他有孝心。这就是历史上著名的"陆绩怀橘"。他的私藏，不是私心，是以孝心藏物品，反而成为古今的美谈。因此，要断的是我们的私欲，物虽然小，如果是为私而藏一定要把它断掉。不断，将来引发的后果一定是不堪设想的。

美国前不久有个消息，摩根斯坦利是著名的投资银行，一位华裔女副总裁跟她的先生一起，进行公司的内幕股票交易，非法盈利达六十万美金。结果被查出来，不但剥夺了她的工作，还把她送进了监狱,判坐牢十八个月,同时罚一笔很重的款。转眼间她就身败名裂,倾家荡产,这是因为一念私心。这个女副总裁,哪里会不知道内幕交易是违法行为,这是知法犯法。本来有这么好的工作,身为投资银行的副总裁,工资相当高,本来可以用这个钱好好的赡养父母,让老人过上幸福美满的生活。只因一念之私,就违背了天理,堕入了监狱。这就是从小就没有在这方面扎下很好的根基,所以造成日后的恶果。

老子说,"合抱之木,生于毫末"。一棵几人合抱都抱不过来的参天大树,都是从毫末,一粒小种子长成的。人,如果从小私心没有断干净,将来可能会酿成苦果。我们常常听到西方企业界、金融界的种种丑闻。

比如在金融界,美国辉煌一时的能源巨头——安然公司(Enron),曾是美国第七大企业,结果在2001年,因为企业的财务欺诈行为暴露,而最终破产了。它的破产引起美国整个金融界的动荡,上万名的美国员工失去了工作,失去了退休金,也牵动到全世界的股市,数十亿的美元付之东流。

这都是因为公司的主要领导财务欺诈所造成的。公司里的三大要犯都没有好下场。安然公司的创始人之一,前CEO、首席执行官肯尼士·雷(Kenneth lay),当听到自己的欺诈行为曝光,法院判决他45年的监禁之后,不久就因心脏病突发去世了。另外一位前首席执行官杰夫·史基林(Jeff Skilling),他对公司破产造成的金融丑闻负有不可推卸的责任,法院判处他275年的有期徒刑。另外一位副总裁约翰·巴克斯特(John Huesyon),听到公司破产的消息以后，饮弹自尽在自己的汽车里。人们发现他尸体的时候，看见他的座位旁边有一个左轮手枪和一纸遗书。这是告诉我们，贪一时之利最终是没有好下场的。

古人说："取非义之财者，譬如漏脯救饥，鸩酒止渴，非不暂饱，死亦及之。"非义之财不能拿。为了一己之私，而取非义之财，就好像"漏脯救饥，鸩酒止渴"。"脯"是肉。肉放在了屋檐底下，屋檐的雨水滴漏下来，泡在肉里面，这个肉就腐坏了、有毒了，吃了这种肉之后人就会死。"鸩酒"是毒酒。用毒酒来止渴，还没等到解渴，死神就来了。

所以"物虽小，勿私藏"。真正帮助我们杜绝这些凄凉结果的发生，根本的伦理道德是很重要的。前一个时期，很多公司都推出所谓的全面品质管理Total Quality Management（TQM）。后来发现全面品质管理，已经不能让公司进行有序的经营了，要转成全面伦理道德管理Total Ethical Management（TEM）。

1995年报纸上登载了，英国一家有着两百年历史的银行，因为一个职员的徇私舞弊，导致这家百年基业的银行倒闭。台湾也有一家卸任的公司董事长，卸任前把公司的资产全部掏空，携着巨款逃到国外，造成公司的经济大厦摇摇欲坠。诸如此类的案例不胜枚举。美国著名的媒体（CNN），在2002年的夏天做了一次民意调查。调查当中71%的受访者认为，企业的执行官（就是CEO）比一般人更缺乏诚实和道德。在欧洲，只有21%的人认为，公司领导人诚实。换句话说，五个人里面四个人都认为公司领导是缺德的。大家普遍认为，所谓公司企业的精英是高度不道德的人。

因此，全面伦理道德管理现在已经变得非常重要了。一个公司，特别是股份公司倒闭了，直接受损的是股东，间接受损的是社会上的行业，而更多的是老百姓。

我本人在商学院，教的是国际金融，所教的是研究生。每次上第一堂课，都介绍公司经营的目标是什么，所有的教科书都讲，公司经营的目标是股东的资产市值最大化。换句话说，以赚钱让我们的股票价格上升，这个目标是纯功利的。这种教化导致的后果，就如美国第七大企业安然公司、英国两百年银行的倒闭一样，由于个人功利给公司造成巨大的损害。如果每个公司自上而下，从领导到员工都是为自己谋私利，这个公司怎么可能长久？

在这种理念的教学下，一代代的MBA学生毕业了，他们踏入工商管理界后，身为企业的领导精英，如果都有这种意识，是很麻烦的事情。所以，现在是应该用全面伦理道德管理（TEM）的时候了。提倡真诚地领导（Authentic Leadership），帮助人重视修养德行。在企业界、商业界，能做到见得思义，不取非义之财。正当的财我们才取。不取不道德、不义之财。这些都是从"物虽小，勿私藏"这里来培养的。

亲所好　力为具

这是讲，父母喜欢的东西，为人子一定要尽心尽力地去帮助父母得到。父母喜欢的东西很多，衣、食、住、行样样东西，我们只要留意,就能够知道父母的喜好。我们应该帮助父母去得到、去解决,让父母生欢喜心。当然,大部分的父母对儿女都没有什么要求,他都希望儿女好,儿女好就是他的要求。所以我们真正做到学习好、身体好、品德好,这些就能够让我们的父母高兴,如果再提升,能够成为一个君子,成为一个圣贤,为世界甚至为后世做出大的贡献,让父母真正荣显。

记得我在美国读书的时候,因为读的是金融,所以自自然然就会有一种功利的思想。虽然我也每个月都寄钱回家供养父母,第一次从美国探亲回来的时候,我也买了不少礼品。但是有一桩事情,回国探亲前,我就开始在盘算,想到在美国剪发很贵,因为剪一次发要12美元,而回到中国,在广州街边理一个发只要5块钱人民币,最多10块钱就能剪到一个很好的发。于是我就盘算,干脆回家剪,省点钱。我带着很多的行李,一路上从学校转到达拉斯,再到洛杉矶,然后到香港转车到广州。几经辗转,路上花费了一天多的时间,真的是风尘仆仆,满脸、满身都是尘土,头发长长的真像个小乞丐。到家了,当我叫门的时候,妈妈赶紧给我开了门,进门以后,我深深地给妈妈鞠了个躬,说:"妈妈,我回来了"。然后一抬头就看见,我妈妈从头到脚,整理得干干净净、整整齐齐,满脸的笑容。我满心的高兴之余突然很惭愧,自己回来就用这副小乞丐的嘴脸来给妈妈看。妈妈已经给我沏好茶了,让我坐下来,跟我说:"茂森,一年多没见了,我知道你今天回来,昨天特意去烫了个发,我们好团圆。"我一听心里更是觉得非常地惭愧。我自己的想法跟母亲想法就不一样,母亲想着一年多没见儿子了，拿一个好的形象出来，让孩子看了之后很高兴、很放心。而我呢，想的是美国剪发贵，中国剪发便宜，盘算的都是利益。把供养母亲的欢喜心忘掉了。这个心态就已经把利放在了义之上，该做的没做，这怎么能算是孝？如今很多年轻人，去见异性朋友都打扮得漂漂亮亮，但是回家见父母就没有这个心。因此，孝心是要从点点滴滴中去养成。

亲所恶　谨为去

这一句是说，父母双亲不喜欢，或者是厌恶的一些事情或者是东西，不仅是物质上也包括精神上的，我们都要谨慎小心地把它去除掉。比如说，我们在道德上面有所亏欠，这是父母不喜欢看到的。或者是我们的学业成绩不够优秀，这也是父母不愿意看到的，我们都应该"谨为去"，"谨"就是要留心注意。

前一句，"亲所好，力为具"，是对父母亲喜欢的东西我们要尽力供养。"谨"是指我们平时日常生活要处处留心，时时在意。每一言、每一行都要以父母作为主要的考虑。小心到什么程度？小心到念头起动的地方，我们都要留意。当我们起一个坏念头，比如说起了贪心，起了跟人家斗争的心，不能原谅别人，不能好学，不能进取，如此种种不善的念头，我们都要小心地把它去掉。这才是真正的大孝。所以，真正的孝子处处都要管好自己的念头。凡是有不善的念头，违背本性违背道德的，不要说不能做，连想都不可以去想。

我记得在大学里，就曾经遇到一件事情。我在广州中山大学念书的时候，我的学习还算不错，而且在活动方面也很活跃。我是大学里经济学社的社长，我们那个学社有七百多社员。因为大家认为自己有一定的才华，有一定的能力，就难免受到一些女同学注意。我的母亲是非常细致的一个人，她对我的一言一行都很留意，所以慈母关怀孩子真正是无微不至的，包括我们的思想行为，都在她的观察当中。我的母亲曾经两三次无意中接到一位我们大学女同学的电话。我母亲也曾经跟这位女同学见过面，她也长得很漂亮，学习也非常好，而且家境也很不错，各方面都很优越，对我也产生了好感。因为我对她当时也很有好感，两个人也就产生了感情。当时我的母亲曾经跟我提醒过说人应当立志高远，上大学的时候一定要把书读好，把学业放在首位，不能在男女感情上面受到羁绊，现在你是正在读大学的学生，年龄还小，人生的阅历还很不成熟，不适合谈恋爱，无论对方的条件如何的优越，现在还是应该把学业放在首要位置，不能分心。我妈妈对我的管教很严格，担心我因为感情问题影响到学业。为此母亲曾经跟我做过两次非常诚恳的谈话，她对我提出三条意见：第一，读书期间不谈恋爱，这是做学生的宗旨。父母供你上大学，不管出现什么情况，这个宗旨是绝不动摇的。男孩子应当先立业，后成家，包括谈恋爱都要放在后面，要先完成学业，成就道德，我母亲说这是大道理、硬道理，其他的都要先放下。第二，如果现在谈恋爱，一定会分心，会影响到学业，也影响功课，在大学里谈恋爱，可以说是一场消耗战。消耗人的时间、精力、金钱，这一场消耗战，现在你不宜参加。应该把时间、精力、金钱都用在自己的学业上面，在学业上面有所成就。将来你要出国留学深造，以后的路还长着呢，不能急。第三，我们读圣贤书，要懂得学以致用。《大学》里告诉我们要"格物，致知，诚意，正心，修身，齐家，治国，平天下"。格物，"物"是物欲；"格"是格除。格除物欲，才能让自己的智慧显发出来，这称之为"格物致知"。读圣贤书，不是搞纸上谈兵，在诱惑当前的时候，当自己处在这样的境缘之中，要好好把握自己，不能够动摇自己的志向，要把理智放在感情之上，革除物欲。不可以在男女情感上受到缠缚，这样你才能够专心致志完成学业。

我母亲跟我进行了两次长时间的谈话，母子两人是开诚布公真诚地交流，最后我听从了母亲的劝告，把这个女同学的照片退回给她，从此把心专注在学业上。所以，父母亲不希望我们做的事情，知道这是不对的，要懂得把它去除掉，这才是孝道。孝，是一种理智的理性的爱，是把父母摆在自己的私情之上。当人处在理智和感情，即天理和人欲之间，要去抉择的时候，要懂得把理智、把天理提起来，真正要做到孝顺父母，是要把自己的七情五欲放淡，即使不能全部放下，也要把它放淡。这种孝顺，比起用金钱供养父母，还要难能可贵。用金钱、物质去供养父母，那是供养父母之身。真正做到"亲所恶，谨为去"，放下自己的贪欲，放下自己的情执，养父母之心，养父母之志，这样的孝，才真正称得上"孝方贤"。

其实当我们能够放得下的时候，才发现得到的更多。当我在大学里放下感情的纠缠之后，心更专了，学业也就迅速提升。以致后来出国留学也很顺利。在留学的几年当中也可以说清心寡欲，26岁完成硕士、博士的学业，走上美国大学的讲台带研究生。当时我所带的研究生里面，有很多年纪都比我大，在美国，很多同龄人都很羡慕能有这样的成绩。

我工作以后，就把母亲接到美国奉养。而且同时供养我在国内的父亲、爷爷、奶奶，这时才更加体会到，原来放下之后得到更多。退一步，其实真正是在向前。因此，从小能够听父母的话，遵从父母的教诲，放下自己的各种念头，真是获益无穷。

学习《弟子规》一定要懂得举一反三，闻一知十。这个父母亲的"亲"我们要明了，他不仅是指我们的父母，还包括我们的长辈，包括我们的老师，也包括祖国人民。老师不喜欢我们做的事情，人民不喜欢我们做的事情，我们不能做，这些都称为"亲所恶，谨为去"。

身有伤 贻亲忧

意思是说，为人子如果身体有损伤，就会使父母很忧虑。《孝经》说，"身体发肤，受之父母，不敢毁伤，孝之始也。"我们的头脑、四肢乃至身体从哪里来的？都是父精母血，逐渐长大而成的。所以我们的身体就如同父母的身体一样，爱护自己的身体，就是爱护父母。我们身体受到损伤，父母就觉得很心痛，很忧虑。因此，我们要懂得保重自己，爱护身体。爱护身体，第一，有规律的起居、饮食，良好的生活习惯。第二，要有定时定量的锻炼。第三，我们要爱护自己的精神、爱护自己的心，因为身体是由心理来决定的。如果一个人多思，整天爱胡思乱想，思虑很多，伤他的精；如果话很多，伤他的气；欲望很多，伤他的神。所以要保养我们的精气神，要懂得少思、少言、少欲。这都是爱护身体。要知道身体是我们的本钱，若想这一生在学业、事业上有所成就，身体是一个关键。不要求快，不要激进。如果太激进、太忙乱，操之过急往往你的心走得太前，身体的体能跟不上，这就容易累倒了。恒常心是健康身体的保证，而健康的身体则是成功的基础。

德有伤　贻亲羞

这是讲在道德上有亏欠，做了不好的事情，就会让父母蒙羞。一个有孝心的人，绝不会做出伤天害理，让父母痛心的事情。也就是说，绝不会做对不起自己良心的事情。因为对不起自己的良心，就是对不起父母。即使是没有人看到的时候，我们也要管好自己的心，不可以放纵自己。因为放纵自己，就是德行在往下堕，这就会让父母蒙羞。

儿女对父母如此，学生对老师也是这种心态。比如说我们跟一个老师学习，一个真正的好老师，他是首重德行的。我们跟这位老师学习，假如自己没有真正落实老师的教诲，而在道德上有所亏欠，这就是有辱师门，父母、老师都会蒙羞。人们会说："这个孩子是谁家养的？哪个老师教出来的？怎么德行这么差？"这就是对父母，老师最大的羞辱。

海南省海口监狱，不少服刑人员学了《弟子规》以后，忏悔自己过去所犯的罪恶，感到对不起父母。有一位服刑人员看到"德有伤，贻亲羞"，心里非常的悲痛。他在反省录里面写道：过去父母非常爱护我，但是自己并没有珍惜，对父母的严格要求，不仅不接受，反而逃离，离开家乡。后来跟一些所谓的江湖朋友在一起，一味追求物质的享受，满足自己的虚荣欲望，犯了罪。犯罪的时候全把父母亲人忘在了脑后。结果来到监牢狱里之后，学习了《弟子规》，感到是茅塞顿开，真正体会到原来天底下，最爱自己的还是自己的父母。而自己竟然犯下这么大的过失，让父母亲蒙羞。他反省说，如果当时没有被这些欲望虚荣控制，就不至于有今天。自己从小没有认真地学习过传统文化，走入社会后哪里能够顶得住诱惑？所以就追求那些虚幻不实的物质享受，最后才发现这些东西都是"水中月，镜中花"，所得到的是自己的悔恨。他现在明白了要孝顺父母，很希望自己刑期满了以后，回归到父母身旁，能够天天在父母身边尽孝，给他们洗洗脚、剪剪指甲，自己也能心安。

亲爱我　孝何难

这一句是讲，父母亲如果疼爱我，孝顺并不难。要知道，父母跟子女之间的那种亲情，是天性。所谓天性，是自然而然的。

没人教就会，称为天性。因为父母跟儿女本来是心连着心，所以孝顺父母有什么难的？很多人谈到孝道，都觉得孝顺父母很难。要知道，孝是天性，有什么难？既然不难，为什么不能去做？因此知道孝顺不难，更要努力去做，努力去行孝。甚至连细节我们也不能够忽略，对父母处处要尽心尽力，这样我们才不至于到以后有悔恨。古人讲，"树欲静而风不止，子欲养而亲不待"。父母一天天的年老了，我们要抓紧机会尽孝，有一天的日子就尽一日的孝道。如果不难，还不尽孝，这就是自暴自弃，自甘堕落，那就成什么样的人了。

亲憎我　孝方贤

这是说假如父母亲憎恨我，也不改我的孝心，这样的孝，才真正称得上贤德。要知道，父母亲对我们的爱，是一种本性的爱。如果父母亲憎恨我，有两种可能，一是自己实在做得缺乏德行，也就是太不孝了，所以让父母都寒心了，甚至生起了怨恨之心。生身父母都这样的话，说明我们的德行已经缺乏到了极点，这个时候要赶紧回头，向父母忏悔，努力地改过自新，父母一定会一如既往爱我们的，这是天性，对我们的怨恨是暂时的。另外也可能是父母真的迷惑、颠倒，他可能被物欲所蒙蔽，或者是受人离间，对我们起了憎恶的心。即使如此，我们也绝不能用憎恨的心来对抗。要知道如果我用憎恨心对父母，那是为人子的大不孝。父母即使憎恨我，我也要对父母尽孝，这样的孝，才是真正的难能可贵。

中国历史《二十四孝》里的第一孝,是4500年前的舜。当时,大舜生长在一个平凡的家庭里。他的亲生母亲很早就过世了,他的父亲娶了后母。后母自己生了一个儿子,她偏爱自己的亲生儿子,嫌弃、虐待、憎恨舜;他的父亲也糊涂,听信后母的话,虽然舜尽心尽力地行孝,但是却常常受到父亲和后母的恶骂、欺负。父亲和后母甚至几次合谋,要置舜于死地。而舜不仅没有因此而生怨恨,反而处处反省、检讨自己,是我自己做得不好,还不够孝顺,才会让父母起烦恼。

有一次,舜的父母让舜下到一个枯井里面去干活。当舜下到井里之后,他的父母就一起往井里添土,要把舜活埋。幸好舜事前已经知道了父母的用心,他很有智慧,就事先在井里挖好了一条通道,结果从这个通道里钻出来回到家里。父母很惊讶,舜怎么没死。而且看到舜的表情,好像什么事都没有发生过一样,还是这样老实、温顺、孝顺父母。后来,舜的父母又把舜骗上草屋的屋顶,当舜上到房顶以后,父母就把梯子拿走,舜下不来了。接着父亲、后母就在底下放火,想烧死舜。舜早就准备好了两个大斗笠,一见点火,就一手拿着一个大斗笠,从屋顶上跳了下来,斗笠像降落伞一样,保护了舜,他安全降到地上,又没死。父母这样的对待他,舜绝不因此有一句怨言,甚至不生一念的憎恨,这样的大孝感动了天地。传说,舜在耕田的时候,大象帮助他拉犁,小鸟衔着种子帮助他播种。舜的孝行感动了当地百姓,也感动了当时的帝王尧。尧帝听到有这样的大孝子,非常欢喜,就把舜请出来,让舜辅佐他治理天下,甚至把自己的两个女儿都嫁给了舜。舜给尧做了二十八年的助手后,尧帝多方考验,舜的德能确实可以承担天下大任,最后才把帝位传给了舜,这是历史上著名的"禅让"。正因为舜能够在这样的困境里面,依然行孝,他的德就越来越厚了,不仅娶尧帝的两位公主,而且得到了天下的王位,他得到的是幸福美满的人生。做了天子以后,他治理天下,国家百姓也都幸福、快乐。因为舜是以孝治天下,他的福分从哪里来的?从积累孝德来的,而且他的福报是逆着加的。如果我们能够承受,那就叫作福,如果不能承受,那就是薄福之人。所谓"亲憎我,孝方贤"。

"亲憎我"这句话也可以引申为,父母亲对我们所做的事业不理解。假如我们做的是为全世界创造和谐的事业,父母不能理解,我们应不应该干呢?应该干。虽然父母不理解,但我们真正为国家、为民族、为世界、为人民真正做贡献,这是对父母尽大孝。

《孝经》讲,孝有三个层次,"始于事亲,中于事君,终于立身"。第一个层次,是孝养我们现前的父母。第二个层次,是为国家、为人民、为世界谋福利,这是尽忠。第三个层次,最终极的是"立身",就是立身行道,做出真正为国为民的好事,当父母感受到我们所做的事情的深远意义时,他们也就能理解了。推动传统文化伦理道德的教育,要把"孝悌忠信礼义廉耻"的道德规范向社会传播,帮助构建和谐社会,和谐世界,这是古圣先贤赞叹的事业。现在我们立志从事圣贤教育这个事业,可能要做出一些牺牲。父母如果同意，这样的父母是大贤、大德。如果父母不同意，这也很正常，我们要委婉地劝说父母。我们努力在圣贤道上学习，自己做到了以身做示范，让父母了解我们从事这个行业的伟大、崇高。因此，当父母不理解我们或者不支持我们的时候，我们也要懂得尽心尽力地劝导。让父母逐渐理解、支持，这样的孝顺称为"孝方贤"。

亲有过　谏使更　怡吾色　柔吾声
谏不入　悦复谏　号泣随　挞无怨

这句是说，父母亲有过失的时候，我们要懂得劝谏父母。要知道，"人非圣贤孰能无过"，每个人只要不是圣贤都会有过失。想想我们自己过失也很多，以前没有学传统文化，还觉得自己了不起，学了传统文化才发现，自己确实是一无是处，比起古圣先贤差得太远了。因此能自责，有惭愧心，就自自然然对别人能够包容。父母有过失，我们不可以强求父母改正，更不能辞严色厉地批评父母，这样父母不仅接受不了，还反倒把关系弄得非常的紧张。

我们要懂得，学习了任何道理，都是用来要求自己的。不要学了以后，就用这个当作一面镜子照别人，去衡量别人。别人做不到，就去骂人家、批评人家，说什么"德有伤，贻亲羞"。别人跟你辩论的时候，又加一句"你还不承认，倘掩饰，增一辜"。句句都把矛头对准别人，没想到，当我们对人求全责备的时候，自己已经不知道违反了几条《弟子规》的教诲了。

古人讲,责己之心重,责人之心就轻;责人之心重,责己之心就轻。我们学习圣教,要处处懂得事事检讨、反省自己,反求诸己是应有的学习态度。父母真正有过失了,我们当然希望父母改过。但是你要看他能不能接受我们的劝谏,如果不能够接受劝谏,我们就淡淡地提一提,不可以让父母生烦恼。对人要多宽容,"严于律己,宽以待人",让人生欢喜心。"悦复谏"的"复"是反复劝谏好多次,很耐心地反复慢慢去引导。我们反省自己的过失毛病,可能要改上好几年,才能够改得过来,怎么能够要求别人,听一次劝谏就得改过来?

"亲有过,谏使更",我们进行劝导也要注重艺术,讲求方式,所谓"怡吾色,柔吾声",尤其是我们的脸色要和悦,语言要温柔。因为如果我们用强硬的态度和言词,效果会适得其反,往往一句温柔的劝谏,效果特别好。原则上讲,父母有欢喜心的时候,才能够接受劝谏。假如父母不能够接受劝谏,或者是父母听我们劝谏都听腻烦了,甚至可能还要打我们、骂我们,这个时候我们也不能有怨言,成就父母的心绝不退却,这才是,"号泣随,挞无怨"。

唐朝李世民年轻的时候,跟随父亲一起打天下,父子两个都能征善战。一次大战前夕,父亲做了一个不正确的决策,而这个决策会导致全军覆没。当李世民了解情况后,知道父亲的这个决策是错误的,他就力谏父亲,想让父亲改变主意,但父亲不但不听,甚至还骂他:"你小小年纪懂得什么?"当军事行动就要开始的前一夜，李世民非常焦虑，晚上睡不着觉，就在父亲的军帐外面大声哭泣，哭得很凄惨。大帐里面他父亲听了之后，也很难受，就把心定下来，重新考虑一下儿子的建议。人心静的时候，考虑问题就比较清楚，忽然他想通了，于是，改变了原有的军事行动，保全了他们的军队，避免了全军覆没的结局。

李世民就是后来的唐太宗，他之所以有这个福分做皇帝，是因为有德，他的孝心就表现在"号泣随，挞无怨"。因为对父母的劝谏是真心，父母不听的时候，我们想方设法让父母感动。如果父母不能感动，那是因为我们诚心还不够，诚心具足了，自然可以感动父母。不仅父母能感动，连天地都可以感动，更何况父母的心是肉团心。一旦父母不听我们劝告，甚至鞭打我们，我们也不可以对父母有丝毫的怨恨之心。因为我们劝谏父母的心，是真为父母好，不是为自己的私利，自己是一无所图。有所图的心就不真诚，所以遭到拒绝，遭到打骂，他会起怨恨。

现在社会中身为儿女的人，特别是改革开放以后成长起来的这一代，因为物质条件很好，在家里父母对他是百依百顺，养成了骄慢的态度。父母批评两句，就受不了，就会起怨恨心。别说父母去鞭打他，可能批评重一点，就会离家出走，甚至还听到对父母下毒手的严重事件。凡此种种不孝的现象，归根结底，就在于缺乏传统的伦理道德教育。

真正帮助社会，帮助下一代，关键就在于将传统伦理道德的教育复兴起来，这个社会才能有救。

亲有疾　药先尝　昼夜侍　不离床

这句是讲，当父母亲有病的时候，我们做儿女的当然心里非常难过，也非常的焦虑，日夜思考的都是为父母解决病痛，替父母医治。古人熬中药，在给父母服用之前，都要试尝一下，这是孝心的流露，并且侍奉在父母的床前，昼夜都不休息。

汉朝，汉文帝刘恒，是历史上一个著名的仁孝皇帝。他的母亲薄姬不是正宫皇后。这位薄太后生性仁善，所以儿子刘恒，也是生性仁孝。刘恒长大以后，汉高祖刘邦派他去镇守边疆，平定叛乱。刘恒也是尽忠为国家效力，在他的领导下，边疆治理得井井有条，逐步恢复了安定。不久，吕氏宗亲谋反，众臣平定了叛贼后，拥护刘恒登位，就是汉文帝。虽然他不是正宫皇后所生，但是大家都非常敬仰他仁孝的这种德行，让他登上了皇位。一个人有深厚的道德，才有很高的成就。他做皇帝虽然日理万机，但是每天必定向母亲薄太后请安，而且每天必定抽出时间陪伴母亲。

有一年，薄太后患病，而且一病就是三年。汉文帝请了最好的太医为母亲医治，而且亲力亲为守候在母亲的床前，亲自学习煎、熬药的方法，了解药效，什么样的温度最适宜给母亲服用。每次给母亲服药之前，汉文帝必定亲自先尝一尝，看看火候到了没有，温度合不合适，非常地细心。汉文帝侍奉在母亲的床前，三年如一日，衣不解带，在床边照顾母亲。有时候薄太后心中不忍，对汉文帝说："宫里这么多宫女，你就不用亲自忙了，让宫女做就行了。"但是汉文帝不放心，非要亲力亲为。汉文帝贵为帝王，日理万机，对待母亲他能做到"亲有疾，药先尝，昼夜侍，不离床"，而且他也以这种仁孝之心治理国家，为国家百姓减税，照顾孤寡老人。他自己的生活享用却是非常俭朴，在位二十三年从没有增添过宫室或者是园苑、车骑和华丽的服装，真正为黎民百姓做出了一个"孝廉"的示范。不仅万民爱敬他，连边疆的少数民族，也都对他心悦诚服，达到了天下大治，开创了历史上著名的"文景之治"的历史时期。皇帝能做到这一条，我们现代人没有皇帝这么忙，还没轮到我们治理国家大事，为什么终日忙于名利的追逐，而对父母却如此冷淡。应该认真地去反思自己，不是我们做不到，而是我们不肯做。只要我们肯承担，只要我们真正生起对父母的报恩之心，孝亲不是难事。

现在很多的孝子，他们的行为也不逊于古人。山东电视台有一个节目《天下父母》，记述了一个真人真事。此人叫王希海，他几十年如一日照顾他的老父。他的父亲在1980年患脑出血后成了植物人，母亲体弱多病，弟弟又是先天性的肢体残疾，不能就业。所以，全家的生活重担就落在王希海一人身上。当年23岁的王希海，有一个很好的出国工作的机会，但是为了照顾躺在病床上的父亲和家里人，不仅舍弃了这个出国的机会，甚至舍弃了成家的机缘。二十几年来，王希海每天不间断地照顾自己的父亲，到2007年他已经50岁了。

许多人问他，你为什么没有成家？王希海说："如果我成家了，可能会把小家庭放在第一位，但是我不成家，父亲永远是第一位,这样我才能够一心一意地照顾他。"几十年来,王希海每隔半小时就要帮病床上的父亲翻一次身,每天给父亲换一次床单。有人问:"为什么要换得这么勤呢?"他回答说:"父亲中风很难受,身上有体温,有热气,会把床单弄得很潮湿,这样父亲很难受,所以要每天换床单。"卧床的植物人只有呼吸,身体不能动弹。如果喉咙里有痰,那就很危险,很容易被憋死。王希海就用一根吸管,一头插到父亲的嘴里,另一头含到自己的嘴里,猛吸一口,把父亲口里的痰吸到自己口里,然后再吐出来。这样的举动,连他的母亲都很感叹说:"我自己都没有这样的恒心,做24年。"每天夜里12点钟,王希海要伺候父亲吃下第六顿饭。2004年,他的父亲过八十大寿。几年前,王希海曾经对他父亲说:"爸爸,你好好地活着,我要一直伺候到你八十大寿。"王希海如愿以偿地于2004年,为病卧24年的老父亲,庆祝八十大寿。在给父亲祝寿时,王希海对父亲说:"爸爸,只要你活着,我就永远伺候你。"

2004年9月,王希海发现父亲身上有一块瘀肿,就把父亲送到了医院。有一位从医40多年的老教授,检查了他父亲的身体状况后问,"你父亲卧床有多久了"?王希海说"20多年了"。没想到老教授听了之后,脸一沉,就离开了。他认为王希海是在骗他。怎么可能24年了,老人的身体还能这么好。结果过了一会儿,老教授捧着王希海父亲厚厚的一大沓病例回来,流着眼泪说:"我已经行医40年了,从来没有见到像你这样伺候你的老父亲的,你的老父亲真正有福了。"然后他对王希海说:"你能二十几年,给你父亲做护理做得这么好，你可以在医学院给学生们上护理课了。因为再有水平的护士，也没有办法像你做得这么细致，做得这么精微。"

王希海家境很贫穷，甚至要靠救济金来维持生活。曾经有一位大款女子向王希海求婚，感佩他的德行，要嫁给他。但是王希海婉言拒绝了。他说："只要父亲还在，我就不能成家，永远把父亲放在第一位。"

古人讲，"大孝终身慕父母"。我们扪心自问，问一问自己对待父母有没有尽心。父母健在的时候，我们有没有尽力地去服侍父母？有没有让父母身心得到安稳？得到愉快？我们的德行有没有亏欠？有没有让父母蒙羞？王希海的孝行，真的让我们生起无限的感佩和向往之心。

2004年初，中国评"十大孝子"。这种评选十大孝子的活动，实在是太好了，在13亿的人口里面，能够找到我们学习的榜样。孔老夫子说，"教民亲爱，莫善于孝"。能够把孝悌之风弘扬起来，让孝子的事迹得以在全国广泛推广，民众自自然然就懂得相亲相爱。

在评选的"十大孝子"里面，还有一位叫戴永胜。他是山东省枣庄的一个煤矿工人，在他27岁那年，他的母亲患了癌症，而且是癌症晚期，医生跟戴永胜说："已经没救了，可以把母亲接回去，准备料理后事。"院方放弃了对他母亲的治疗。戴永胜家境十分贫穷，但是他非常地孝顺，看到母亲发高烧、呕吐、下不了床，心里面非常地难受，他暗暗发了一个愿，一定要把母亲的病治好。

由于医院的西医已经拒绝治疗了，他就找中医，找民间的医生。有时候为了找医生或者是去找药，要步行三天三夜。根据报道，他为了寻找治疗癌症的良方，曾经徒步走过九个省。因为救母亲心切，他的潜能被激发了出来，戴永胜自己也成专家了。

戴永胜每天给母亲熬中药，经过了半年，他母亲的病况得到了很大的好转，后来又到医院去检查，医生看见吓了一跳，怎么还在？再一检查，发现他母亲的癌细胞，已经萎缩了70%。也就是说，她的病好了七成。这个情况让在场的医生们都赞叹说，这样的一个病例，可以说是医学史上的奇迹。一个初中毕业的煤矿工人，竟然能成为治癌的专家。这个奇迹从哪里来的？奇迹就是孝心的感召。

古人讲，"孝悌之至，通于神明，光于四海，无所不通"。真正用至孝之心，可以创造医学史上的奇迹。

"亲有疾，药先尝，昼夜侍，不离床。"要明了不是只做一个形式，关键要有至诚心，才可以帮助父母摆脱病魔。

丧三年　常悲咽　居处变　酒肉绝

这句是讲，当父母亲离开我们去世了，身为孝子心里一定非常悲痛，常常哭泣，三年之内心里都免除不了这种悲伤，常常怀念父母，叹息父母在世的时候，没有尽到心，没有来得及报恩，父母就离我们而去了，常常悲叹，常常哭泣。"居处变"是讲，居住的地方变了，如果是夫妻，要分房而卧，酒肉也要绝对远离，这是讲生活上的一切享受全都停止。因为心里对父母离世的悲伤哀痛，一切世间的享乐都不忍心去受用。"居处变"，古时候特别讲要三年守墓，守在父母的墓前，缅怀自己的父母，反思父母的教诲之恩、养育之恩。心静下来，能够提起对父母报恩的心，立志要做一个君子、做一个圣贤，来报答自己的父母。

古代，很多人在父母过世以后，就不再喝酒吃肉，不仅是三年不吃，自此以后一生都不吃。如唐朝的崔沔，非常地孝顺母亲。母亲在世的时候，因为母亲双目失明，崔沔为了母亲高兴，常常带着母亲到外面去郊游，或者是邀请兄弟姐妹们一起团聚在母亲身边，然后把这些美景讲给母亲听，让母亲同大家共享天伦之乐。母亲过世后，崔沔断绝一切酒肉，终生吃素，以此来缅怀自己的母亲，而且对自己的兄弟姐妹非常照顾。他说："母亲如果在世，心里一定都记挂着自己的儿女，现在母亲不在了，我也要替母亲来照顾大家，这是报答母亲在天之灵。"后来崔沔在朝，做到了侍郎的高位，相当于今天的副部长。

1994年，我的外婆去世了。当时我正在中山大学读书，老人家走之前因为身体老化，常常大便不能够自主。母亲和我就在她身边，为她清洗大便之后的床褥、衣物。有的时候一天好几回，但是我母亲带着我做这些事情，不仅没有一点厌烦的心理，反而心里非常地哀痛，知道外婆在世不久了，更加提起奉养老人的心。所以，孝亲不能等，再一等可能以后没机会了。

外婆去世以后，母亲带着我一起吃素，所谓"居处变，酒肉绝"。当时我们想吃素四十九天，以此来纪念外婆。结果四十九天吃完素以后，真的再也不想碰酒肉了，闻到酒肉的味道，都反而觉得很不舒服了，后来我们就发愿一生吃素。其实吃素对身体有很大的好处。现在很多医学报道讲，说吃素确实会帮我们减少很多疾病，特别是心脑血管的这些疾病，概率可以大大减少，而且更能让我们的身心都得到清净。

我的一位在美国的亲戚，他是华盛顿大学心脑专科的教授。他曾经告诉过我，现在心脑血管的疾病，已经成为世界第一杀手，死在这上面的人很多，究其根本原因就在于有吃肉的陋习，最好的防治办法是吃素。要知道人身体里小肠、大肠的长度都很长，是吃植物性食物的消化系统。不像老虎、豹子、它们的小肠、大肠都很短，东西吃下去很快就排出来，不会在肚子里积留很久。人如果吃肉吃多了，在肚子里面积留得太久就消化不了。我们知道肉在室温下一天不放冰箱里就会发臭，何况在人体内，温度这么高，它怎能不发臭呢？人的肠子是身高的四、五倍，通过这么长的通道，肉食在里面发酵、发臭，产生的毒素一定会影响身体健康。

丧尽礼　祭尽诚　事死者　如事生

这句是讲，父母亲离我们而去了，走的时候我们要举行哀悼的仪式，尽自己的一份诚孝。以后在每年的祭日，要祭祀父母，祭祀祖先。祭祀的时候要诚心诚意，这是孝道的落实，表示孝顺父母在世和离世都是一样的，孝心永远不改变。

《孝经》讲，"春秋祭祀，以时思之，生事爱敬，死事哀戚"。是讲父母离世以后，每逢春秋二季都要祭祀父母。春天的祭日是清明节，入冬以后是冬至节，因此清明节、冬至节都是祭祀的日子。我们祭祀父母，是缅怀父母恩德的活动，是学习孝道的教育课。我们一定要尽我们的诚心对待父母的灵位，如同父母站在眼前。也就是父母在世的时候，我们要爱敬自己的父母。父母不在了，我们对父母的怀念也是一生不改。特别是要更加努力地来做合格的人，来行义，不可以做出亏欠父母、让父母在天之灵蒙羞的事情。这是对父母的尽孝。

孝顺的人，能够常常不忘父母，这种人他就有福。我的爷爷一生中在"祭尽诚"这方面就做得很好，爷爷现在还健在，已经将近90岁的人了。他很小就失去了双亲，虽然双亲不在，但是他祭祀父母那种诚心，却让我们做儿孙的都非常非常地感动。每到春秋祭祀的日子，爷爷就带着全家人，我父亲、我的两个叔叔，还有我们这些孙子辈的，都到后山太公太婆祖先的陵墓前除草、祭祀，几十年没有停过。这种诚心、这种孝道给我留下了深刻的印象，对我后来的做人处事有很大的影响。

虽然我自己读了博士当了教授，可以说是高级知识分子，但是在每年春秋祭祀的日子，必定在家里为祖先上香，朗读一些传统文化经典，在祖先的牌位前发愿要好好做人。古人讲光耀门楣，我们也希望这一生德行不要有亏缺，让祖宗在九泉之下能够安宁。因此，祭祀祖先不是迷信的活动，它是一种落实孝道的具体表现。

古人讲，"慎终追远，民德归厚"。如果全社会都有祭祀祖先的风气，大家都能祭祀祖先，知道对祖先都应该有这样的孝顺心，那么对眼前的父母怎么会不孝顺呢? 如果真做到了，民风自然就会淳厚，对于构建和谐社会也是非常好的做法。

2006年我在全国各地做过很多演讲，讲孝道，讲八荣八耻，讲青少年的美德教育等等。所到之处我都向当地提出一个建议，希望我们的社会、我们的国家能够把清明节、冬至节定为法定的节假日，成为祭祀父母、祖先的日子，这是提倡孝道的一个很好的举措。孝是人之根，是德之本。当一个人有了孝心的时候，他的道德自然就展开了。孝心一发，善心就发起来了。

古人讲八德: 孝、悌、忠、信、礼、义、廉、耻，那个根就在孝道。孔老夫子在《孝经》里极力地赞叹孝的德用。因为孝道可以使天下和顺、上下无怨、社会和谐，它的作用太大了! 这是对社会国家而言。对自己来说，可以使自己得到幸福美满的人生、成功的事业、圣贤的品德。

孟子讲，"尧舜之道，孝弟而已矣"。尧舜是圣贤，圣贤之道在哪里? 就是落实孝悌而已。《弟子规》"入则孝"这一篇是一切道德的根，我们从这里入手学习，要学到心地上，真正把孝道落实在生活中，让自己先成为一个孝子，然后把孝道向社会广泛地推扬。

孔老夫子说: "夫孝，德之本也，教之所由生也。"教孝道，最能够启发人的良善之心; 教孝道，是构建和谐社会的最佳途径。事实证明，服刑人员都能够因为接受孝道的教育，而改变他的思想行为，更何况正常人群呢！

孔老夫子在《孝经》里说："教以孝，所以敬天下之为人父者也；教以悌，所以敬天下之为人兄者也。"能够用孝道来教导民众，就是敬天下的父母；用悌道教导民众恭敬，就是敬天下的兄长，敬天下所有的人。让我们从行孝道入手，培养自己圣贤的美德，自自然然就能得到无限的福分。

第二篇 出则弟

《弟子规》第一篇"入则孝",讲了我们在家要孝顺父母,第二篇"出则弟"是教我们出外对尊长,要有恭顺的态度和行为。

要知道在家里对父母能够养成一个孝顺的心,自然对兄长、对师长也能够敬顺。对兄长的敬顺,也是对父母的孝顺。因为父母希望儿女们能够和和睦睦、互相团结、互相关怀、互相爱护。儿女到了学校去求学,父母也希望我们做儿女的对老师尊重。因为尊师就是重道,对老师能够恭敬,就是对道业、学业重视,也因此才能学到真实的学问。踏入了社会,也自然将这种恭顺的态度,带进了自己的工作岗位,对领导、长上也有一种恭敬的存心,自然我们的工作关系会很和谐,工作得很欢喜,效率会很高,工作就会有成绩。扩而展之,对社会上一切长辈,比我们年长的,学问、道德、威望都比我们高的我们也要恭敬,为他服务,这些都是"悌道"。

孝是一种对内的存心,是一体的观念,是天性的爱心。把这个爱心展开来,一定是对父母、师长、兄长以及一切的尊长,都存有恭敬承顺的态度,这就是悌道。

"孝悌"两个字实际上是一体的。它们不二，没有分别，是一不是二。孝为体，悌为用。

《孝经》讲，"教民亲爱，莫善于孝，教民礼顺，莫善于悌"。我们为了让百姓相亲相爱，所以要教孝。让大家都懂礼，都能互相合作，就要教悌、教恭敬。

古人教孝、教悌会有所分工。父母在家里面如果让孩子孝顺，不好意思说出口。所以，教孝往往都是先生教、老师教。孩子到了学校，如果让老师说，"尊师才能重道，你要恭敬我"，老师也说不出口，所以尊师，要父母去教。父母和老师互相的合作，父母教孩子在学校尊敬老师，老师教学生在家里孝顺父母，一合作，就把这孩子教好了。尊师重道是我们中华民族的传统美德。儒释道三家都是中华传统文化的重要主流，三家都注重师道。

中国著名的数学家陈景润，他一生成就很大，但他一直都非常尊重自己的各位老师，念念不忘老师的教诲之恩。报道说，有一次他回到母校厦门大学，参加学校六十周年的校庆活动。虽然他已经是很著名的数学家了，到了母校，没有丝毫傲慢的态度，反而觉得像久离父母的孩子，回到了家乡。他说："在厦门大学学习，是我一生中最难忘和最幸福的事情，我永远不会忘记教过我的老师，我非常尊敬这些热心教育事业，给我以谆谆教导的教师们。是他们给予我许多的指导和帮助。从离开厦大到现在，我每时每刻都怀念着我亲爱的母校，怀念教过我的老师。"原厦门大学老校长王亚楠先生已经过世了，陈景润还特地到他的家里去拜访，当见到70多岁的王师母时，陈景润握着师母的手非常激动，说:"我非常想念王校长,非常感激王校长对我的培养和教育。"王师母拉着他的手说:"我们在报纸上看到了你的照片,听到你取得成就,我们也感到特别的亲切,如果王校长今天还活着,见到你一定也是很高兴。"这次回母校,陈景润也去拜访了好几位曾经教过他的老教授。

陈景润工作在北京,他在时间上可以说是分秒必争,因为当一个人在学术上能有所成就,他最珍惜的就是时间,因此一般人来,他都不去见。可是当厦门大学一位曾经教过他的方老师去北京,陈景润对这位老师安排的时间就格外的大方。北京很大,车也比较拥挤,从他自己的家到方教授的住处,路上要花一两个小时,虽然陈景润前后五次去探望这位方教授,但是都没有碰上面。后来方教授回到了厦门大学,还收到了陈景润的一封道歉信,说老师到北京这一段时间里,学生在各方面工作很多,没能招待老师,请老师原谅。下面落款处写着"学生陈景润"。这个"学生"二字还写得特别的小,表示对老师的敬意。

一个真正在学业、事业上有成就的人,他一定有德。正因为陈景润这种尊师重道的德行,他才能取得如此辉煌的学术成就,人的福分、成就,都是以德行作为根基的。

孔老夫子有所谓"孔门四科",德行、言语、政事、文学。首重的就是德行,德行是人之根;其次是言语的智慧;政事是所从事的专业;文学是精神生活方面的。

我记得从小,母亲就教导我尊敬老师。在学校里虽然我也很调皮,经常爱玩,但是对老师总是很恭敬,也是很听老师话的。

记得我在幼儿园是全托,周末才接回家里。当时老师们都会跟我妈妈讲,说我很调皮。我母亲就跟老师们说:"孩子如果是调皮捣蛋,请老师们一定要严加管教。"母亲对我要求很严格,让我一定要尊敬老师。

古时候,父母带孩子去拜师的时候,总要带着一点礼物,带着孩子去跟老师请求,收自己的孩子做弟子。老师如果答应,就献上礼物。父母首先带着孩子给孔老夫子像三跪九叩首,然后再请老师上座,向老师再行三跪九叩首礼。当孩子看到父母对老师这么尊重,给老师磕头,孩子怎么敢不尊敬老师?老师受到父母的这种重托,也就特别认真地来教这个孩子,因为如果不把孩子教好,对不起孩子的父母。因此父母与老师之间这种配合、表演,给孩子留下了一个深刻的尊师重道的印象。

我母亲对我的这种教导,在我幼小的心灵里植下了尊敬老师的印象。到了美国留学,这个教导就体现出很大的好处。在美国留学期间,跟的那位教授要求非常严格,其他的博士生都不敢跟他学,因为大家认为,这个人太苛刻了,脸上很少见到有笑容,而且做起事来雷厉风行,有时候让人下不了台。但是我对这位教授可以做到百依百顺,教授叫我做的我没有半句违逆的话,也没有违逆的心。虽然我刚到美国很多东西都不会,甚至英文也讲不好,但是半年之后进步很快。教授给我的工作我也能赶得上。教授也发现我是一个很听话、很好学、勤奋的学生,所以也特别乐意教我。渐渐地发现这位教授,其实是很有爱心的,表面上虽然冷酷无情,其实内心里对人是很热情的,尤其看到我好学,他也就毫不吝啬地来教导我。因此在他的手下学习、工作了四年，掌握了很好的经济学、金融学研究的方法。毕业前我写了八篇论文，有几篇发表了，还有几篇被接受发表。这位教授在为我写的推荐函中说："八篇论文的深度在金融学里面，可以称得上是一位教授的成绩。"确实也是因为在经济金融学里面，发表一篇论文很不容易，好的论文至少也要三四年时间的研究成果。科学的研究很费时间，但是掌握了方法，效率就很高。正因为得到教授严格的栽培，我在学术界成长也特别快。

回想走过来的路，并不是自己聪明，也不是自己资质很高，我的资质是很普通的。在我很小的时候，妈妈就耐心地教我学背《游子吟》："慈母手中线，游子身上衣，临行密密缝，意恐迟迟归，谁言寸草心，报得三春晖。"就这么一首简单的唐诗，我妈妈教了足足一个月，我才把它背下来，这样看来我的资质比一般水平都要低。外婆看到妈妈这样耐心地教我，而我又老学不会，就叹息、摇头说："这个孩子怎么这么笨啊，怎么教都教不会。"所以并不是我有智慧、能力，或者是聪明，关键是有好的教育、好的素质培养，一个人得到成就也并不是难事。

2006年，我回到了家乡广州，拜访母校华南师大附中的老师们。老师们看到我从国外回来也很高兴，知道我在海外的这些成绩，请我到母校给学校的师弟、师妹们讲讲自己走过来的路，启发这些同学们，如何创造一个幸福成功的人生。我在母校讲的题目是"幸福成功的根基"。我讲到，一个人有没有成就，他的聪明、智慧、资质都是次要的，最关键的是人品，而人品当中最关键的是"孝、悌"。"孝"是孝敬父母;"悌"是尊重老师,尊重长辈。孟子讲,孝悌可以帮助我们成圣成贤,他说尧舜之道也是孝悌而已。《论语》中也讲,"孝悌也者,其为人之本欤"。孝悌是人的根本,当然也是你成就事业的根本。

这两年,我的母校——广州中山大学岭南学院,请我回去给他们的研究生讲专业课"财务金融",用英文为他们上国际MBA的课程,我也欣然同意。一般我们这些教授回到祖国来教书,很多大学都来邀请。包括北京大学、厦门大学都曾经请过我,而且都有蛮高的费用。但是母校请我去讲课,我跟他们讲,我免费教课,这是报答母校培育的恩德,报答老师教诲之恩。母校领导说:"不行,我们有规定,你一定要收。"我就把讲课的费用捐出来,为母校成立了"孝悌助学金"。校领导问我:"助学金用你的名字好不好?"我说:"不好,就用'孝悌'。《论语》上讲'弟子入则孝,出则弟'。"

当弟子、当学生的首重的德行,是"孝悌",成圣成贤也是孝悌而已。所以设立这个"孝悌助学金",是帮助那些月收入低于300块钱,贫困家庭里出来的学生。他们家里困难,上大学不容易,需要助学金来帮助,我们出一点绵力,是表达自己对母校的报恩之意,这也是孝悌。没想到成立"孝悌助学金"以后,也有很多热心的朋友,他们觉得这个助学金很好,也乐意解囊捐助,让这个"孝悌助学金"能够年年维持下去。虽然我们能力很少,但是总有这颗心,希望全社会都来重视伦理道德,重视孝悌之道。《弟子规》里这一篇讲了13条,具体地教我们如何行悌道。

兄道友　弟道恭　兄弟睦　孝在中

这一句是总说。兄弟姐妹之间要做到互相友爱、互相恭敬，正所谓"兄友弟恭"。为什么要兄友弟恭？因为兄弟和睦，孝就在其中。父母看到儿女和谐团结，那是最高兴、最开心的，所以"兄友弟恭"是对父母很好的一种供养。

我们现在常常在报纸上，看到一些悲哀的现象。父母才去世，为了争夺财产，兄弟姐妹上法庭打官司，全把父母的养育之恩忘在脑后。或者是父母还在，儿女之间都互相推托责任，不愿承担赡养的义务，甚至兄弟姐妹不仅言语上不和，有的还过分到变成了仇人，这是多么令父母悲伤，令人遗憾的事情。究其根本原因，还是缺少伦理道德的教育，缺少对好人好事的宣扬。我们宣扬兄弟和睦，如果互相支持、互相奉献的这些善行越少，大家很少看到向善向德的榜样，社会风气自然就会越来越差；如果能够把孝悌的善人、善事多多加以宣扬，比如在学校课本里，多加入伦理道德的课程，让全民重视道德教育，相信社会风气扭转并不是难事。

我们看到这两年，媒体也确实正在积极地推动道德教育，这是中国人的幸事。中央电视台的"共同关注"节目，于2005年4月28号，播放了一个感人的事例，是讲在成都郊区，一个姓何的家里，弟弟患了肝癌，已病入膏肓，生命垂危。癌症晚期的救助方法，是接受肝脏移植手术，但是肝脏很不好得到，最好的肝脏来源，就是两个亲生姐姐，于是两个姐姐同时争着要给弟弟捐肝。一个人不能没有肝，一个人身上最多可以切一半的肝，因为肝有再生的能力。虽然再生，但是对身体也是一个非常大的损伤，而且不可能恢复到跟原来一样。两个姐姐后来商定，把她们的肝脏每人捐献一部分，合起来供养自己的弟弟。移植手术，是在成都一家医院做的，手术还算成功。手术之前，记者闻讯赶来采访，问两个姐姐："你做手术之前，插胃管难不难受？"姐姐说："管插到胃里面是很难受，但是想到要救弟弟的命，再难受，我们也心甘情愿。"记者又问："做手术的时候，比插胃管难受得更多，你们能受得了吗？"姐姐说："只要能够救弟弟，再多的苦难我们都能够接受。"她们说弟弟有了姐姐的肝，就能延长20年、30年的生命，只要能够让弟弟延长寿命，她们的命少活十年、20年也义无反顾。家里面兄弟姐妹之间，从小就有这个观念，如果姐弟其中一个人有困难，其他几个就都会积极帮助，牺牲奉献也在所不惜。令人感动的是，其中一位姐姐，家在农村，因为要做手术，家里的猪没人照顾，临走之前她把猪全都卖掉，把家里一切都放下，一心一意来到医院救自己的弟弟。姐弟三人这样的团结，互相牺牲自己，奉献自己，帮助对方，做妈妈的心里也是非常地感动。记者采访老妈妈的时候，她就说："两个姐姐无私奉献，姐妹同心协力这就是最大的幸运。"作为母亲，虽然心痛，但是心痛之中又有无限的安慰，兄弟的和睦、互助，孝道就在其中啊。

财物轻　怨何生

　　要做到兄弟和睦，首先应该把财物方面的贪欲看轻、放下。能够在财物上看淡一点，互相之间重情意、轻财利，哪里会有怨恨？怎么可能会起争执？怎么会因为争夺财产而上法庭打官司，反目成仇？人，如果是私心很重，那个本性的道德、本善就被覆盖住了，而孝心、友爱的心就给冲淡，甚至冲垮了。

　　古人有很多兄弟和睦，互相奉献的故事。汉朝有一对赵姓兄弟，兄长叫赵孝，有一天弟弟赵礼被土匪抓住了。当时汉朝那个时期经济不景气，民不聊生，土匪作乱，他们抓了人之后，就要把人吃掉。弟弟赵礼被抓住了，哥哥知道后闻讯赶来，哀求这些土匪说："弟弟的身体比较瘦，你们吃他，他没有肉。你们就吃我吧，我的身体比较胖。"弟弟在旁边一听马上争着说："你们不要吃我的哥哥，我被你们抓住了，你们就应该吃我。"兄弟俩你一言、我一语，在这些土匪面前争着去死。兄弟两人真挚的友爱打动了土匪，结果他们居然决定谁都不吃，把这兄弟俩放了。孝心、友爱之心，是每个人本有的本性。强盗也是"性本善"，也有恻隐之心，这一对兄弟争死，把强盗的本性、本善给焕发出来了。

　　人，本来都是善人，因为所受的教育不同，缘分不一样，后来就有了善恶的分别，实际上我们从本性、良心上看，大家都是本善的，都是有良心的。

　　现在的社会，也有类似兄弟争死的例子。前不久，广州有一则新闻报道,有一个家庭,父亲患了尿毒症,要换肾。这个父亲有五个儿女,五个儿女都争着给父亲献肾。争来争去,经医院一检查,五个儿女里面,大儿子的血型、肾脏比较适合他的父亲,所以选择了大儿子的肾脏。这些例子很感人,让我们体会到,连身体都能够奉献出来,身外之物又有什么舍不得。

《大学》上说,"宜兄宜弟,而后可以教国人"。这是讲兄弟之间能够和睦,就能够教导国民,能够构建和谐社会。和谐社会从我做起,从孝悌开始做起。在家里,儿女孝顺父母,兄弟姐妹之间要互相友爱,尤其不能够因财物而起争执,这样才可能在社会上跟任何人都不在财物上起争执、起怨恨。其实怨恨来自哪里?是我们有私心,对财物起了贪念,贪而不得,求而不得的时候,才会有怨恨。而这个贪求的心,不是我们本有的本性,本性是纯善的。贪念,违背本性,违背天良,如果不能及时克制,与本性就越离越远了,天良就一天一天地泯灭了。古人很不客气地说,如果重财利而轻道义,这种人是衣冠禽兽。虽然还是个人的样子,但是心地已经跟禽兽没有什么区别了。

古人讲,"命里有时终须有,命里无时莫强求",这是君子。若以贪求心,妄求心得到的财物,不仅亏损了自己的德,也亏损了自己的福分,这种人是小人。古人讲,"君子乐得做君子,小人冤枉做小人"。

言语忍　忿自泯

这句是讲,兄弟姐妹之间讲话要谨慎,不能说过激、伤人的话语。讲话留一些情分,留一些体面,给对方一分尊重,不要逼人太甚。这样自然就不会刺痛对方,不会让对方起怨恨。

言语在孔门四科里排第二位,这是很重要的一门学问。古人常讲,"三寸之舌是祸福之门"。讲话一不留意,可能就种下了祸根,说者无心,听者有意。有时候自己无心说了一些太过厉害的话,往往使对方怀恨在心,而自己还不知道。我们要懂得,戒慎自己的言语,多给对方留有余地。即使是对方犯了过失,犯了错,也不能够严厉地批评,要看对方能不能够接受。能接受的我们才可以规劝;不能接受,也就轻描淡写过去就好了。因为一点过失,导致双方结怨,兄弟反目,这对不起父母。

不仅兄弟之间如此,五伦关系当中,父子、君臣、夫妇、朋友都需要"言语忍",比如父母与子女之间,讲话也要注意。特别是现代社会的年轻一代,受得污染太深,没有接受传统美德的教育,孝心很淡薄。往往父母对孩子批评得太严厉了,不仅不能有好的教育效果,反而让孩子怀恨在心。

我们在报纸上,曾经看到一个寻人启事,是一个老父亲寻找自己16岁的女儿。这个父亲在家里管教女儿很严格,大概方法也不合适,批评很多,而正确的引导、启发很少,都是机械式、命令式的教育,因此女儿从小就有一种叛逆心理。长到16岁,有一次父亲跟她讲了一句比较严厉的话,这个女儿一气就离家出走了,好多天都没有回来。父亲也是很多天都没有睡觉,非常担心。女孩子正值二八年华,在社会上这样游荡是很危险的。父亲到处去找,也报了警,警方也协助他。后来他的女儿在网吧里,发了一条信息给她的同学,她的同学马上报告了她的父亲,立即请警方去寻找。结果到了网吧,也没找到他的女儿。到报纸寻人启事的消息出来的时候,父亲还焦急地在每一个地方的网吧找,老人一夜之间白了头。

看到这种报道,我们心里也觉得很难过。这些年轻一代,他们对于传统文化的熏习太少,对父母敬顺的心理非常淡漠。

如果讲到孝道,他们甚至可能会讲这是"愚孝"。对父母百依百顺,他觉得这是"愚孝",是愚蠢,要有自己的个性,要有自己的识见,要独立,这都是在民主开放的时代提倡的。这种教育的后果是什么?是孩子从小就以自我为中心,父母如果严加管束,他马上就起了叛逆的心理,这都是失教的悲哀。有识之士在大力地提倡孝道的同时,也要积极地为年轻的父母讲解如何教育儿女。教育儿女也要有很好的方法。我们学会了古圣先贤的教育方法,就不至于出现这样的悲剧了。父子之间、兄弟之间、君臣之间、上下级之间,也要懂得"言语忍,忿自泯"。古人讲"君仁臣忠",身为领导对于自己的部下要有爱心、要关怀,少求全责备,多一些关怀照顾,下级部署对领导感恩,那种感恩是发自内心的,不是装出来的。这样即使领导不在的时候,下属、员工,都能够认真地做好自己的本职工作,领导在不在场都一样,这是忠臣。

夫妻之间也是同样的道理。很多离婚案件的发生,追其根本原因,也不过是因为一件小事发生了口角,结果互不相让,导致家庭破裂。等他们到法院去签离婚协议书,法官问他们,你们最初为什么会想到离婚,什么事情导致你们决定走上这一步?夫妻之间可能都没想起来,当时是因为什么小事发生口角。就被这个口角、被互相之间争吵的这个现象给迷惑了,都忘记了为什么小事,这是很不理智的行为。当我们能够忍一忍,想到对方可能身体不适,可能因为在单位里面不愉快,有些什么难过的事情,导致今天的心情不是很好,才说了一些难听的话,我们不要在意,很多的悲剧因此也就可以化解了。

朋友之间也是如此。朋友的交往要注重道义、恩义、情义,怎么可以因为一两句过分的话,而伤了多年的友情。

孔老夫子的学生子贡,曾经问过孔老夫子:"能不能够有一个字,让我能够一生奉行?"子贡很会问,他的提问很简单,但让你能够一生奉行,请孔老夫子说这一个字是什么。孔老夫子说了一个"恕"字。对待别人要行恕道,多一分宽恕,少一分苛求。"以责人之心责己,以恕己之心恕人","己所不欲,勿施于人"。想到别人的需要,我们要尽力地去帮助他满足,不要过分要求对方,这是"如其心",就是恕道。

替对方着想,常常用换位思考的方法,想到如果我是他,我应该怎么做。所以当对方发脾气了,能够提起一个念头,他今天可能被领导批了一顿,可能遇到了不如意的事情,脾气上来了,把这个脾气冲着我发。换位思考以后,就能够宽恕对方了,言语当然就能够忍。他对我发脾气，我还能够微笑着给他端一杯热开水。甚至他骂我，我请他坐下来慢慢骂，让他喝一杯水润润嗓子，这些行为让他不好意思骂下去，自然他的怨气就消了。

或饮食　或坐走　长者先　幼者后

这是讲长幼有序。人与人之间的交往，要懂得礼节，这个礼节就是长幼有序，长者在先，幼者在后。讲饮食、坐走，是代表日常生活中，不论是什么样的细节，饮食起居都要尊重长者，让长者先行、先用，这才符合礼。礼，是天地之序。所谓天地之序，就是没有人规定，它是天地之间自然而然的一种秩序。如果你做事符合礼节，大家就会感觉很舒服，因为这是自然的顺序，是本性的作用。如果不符合礼节，会给周围的人添很多麻烦，即使是没有学过礼的人，看见非礼的行为，也会觉得很不舒服。不懂礼的人，往往是因为后天缺乏教育，或者是被社会污染了，或者是被自己的私心、欲望给蒙蔽了，所以才做出不符合礼节的事情来。

这一条是告诉我们，尊重长辈要"长者先，幼者后"。长和幼可以从年龄上来分，也能从辈分上来分，长辈走在前，晚辈走在后。也能够从级别上来分，领导走在前，下属走在后。在不同的场合、不同的环境里，长幼的定义不同，不能够死板。总之，要有一颗尊敬长上的心。这种先后的顺序，它是一种自然之道。《大学》里面讲，"物有本末，事有终始，知所先后，则近道矣"。自然界有先后的顺序。物有本末，"本"是根本；"末"是枝末。每件事情也有始有终，所以，人知道了先后的顺序，就已经近道了，也就是接近自然的法则，客观的规律了。

自然界里确实有次序。像天体的运行，都有它的轨道，地球有地球的轨道，月亮有月亮的轨道，每个行星都有它的轨道。如果这个轨道打乱，互相碰撞就会起灾难了。这种轨道运作的规律，称之为"序"。大自然如此，人也如此，人要符合礼节，符合礼节就是符合自然，在有序中我们才能够得到真正的平等。

有的人批评礼教，说这是不平等的，是封建的。但是批评礼教的人，假如他是一个长者，如果一个晚辈在他前面不恭敬，或者对他无礼，他也会不高兴。证明他自己虽然批评礼教，可是他也从内心当中，希望别人对他有礼貌，这说明，礼是自然的法则。遵守自然的法则，才能得到真正的平等。在宴会席上也有主次的座位不同，主桌的客人和旁桌的客人要分次序。公司里，领导和被领导有次序的分别。这些都要讲究礼，有礼才有平等，大家在这个环境里才能够心平气和。不讲究礼，就乱了。说到深处，平等和不平等，是一不是二，看我们以怎样的心去看这个问题。假如我们心里面有不平等，看外界也就不平等。如果我们心平气和，看外界心也就平了。没有不平、对立，所行的自自然然就符合中道，符合礼节。

长呼人　即代叫　人不在　己即到

这一句是说，当长辈叫一个人的时候，做晚辈的应该马上代他去呼叫这个人。因为长辈的年纪很大，或者他地位很高，我们做晚辈的要有一种服务的精神，要代人之劳，代替他做这些事情。如果呼叫的这个人不在，马上要回到长辈那里报告，看看长辈还有什么吩咐，能不能够代长辈做些事情，这些都是对长辈的恭敬。现在比如我们跟长辈在一起，如果长辈要打电话，我们可以帮助长辈拨通电话，然后把电话交给长辈。或者长辈、领导需要写书信，我们也可以协助他们书写、代笔。我们常常要有服务于长辈的心，而常常喜欢服务别人的人，无论走到哪里都会受到欢迎。

称尊长　勿呼名

对待长辈、领导、老师，对这些有地位，辈分比我们高的人，我们不可以直呼他的名字，甚至跟别人讲话的时候，也要尽量避免直呼他们的名字，这是对尊长的一种尊重。应该怎样称呼？可以称头衔、职称，或者是称对方跟自己的关系，比如，刘省长、陈部长、胡董事长，这些都是称头衔。自己的亲人、父母，如果讲得很普通就是我的父亲、我的母亲；如果讲的文一点，可以称家母、家父、家兄。对老师，直接讲我的老师，或者是冠以姓氏，如蔡老师、刘老师等等，这些都是尊重。

在交际的场合里，直呼人的名字，这是不礼貌的。哪怕是比我们小的，如果关系不是很熟，或者是跟我们没有隶属的关系，也都尽量不要直呼其名，可以用张先生、李小姐，这些称呼，都是对他人的恭敬。要在小事上，在对人的称呼上，培养自己的恭敬心，养自己的本善。

对尊长　勿见能

这个"见"，读"现"字的音，是讲在尊长面前，我们不要随便表现自己的才华、能力。在尊长面前，在领导、老师、父母、长辈面前，我们要懂得守谦，要谦虚，不可以有显耀自己才华的心。当我们谦卑下来的时候，反而能从尊长那里学到很多学问。如果自己爱好表现，看见我们傲慢，尊长就不愿意教我们了。因为真正好学之人，一定要懂得韬光养晦，处处谦卑，长养自己的谦德。

过去我就有一个毛病，就很爱表现自己的能力，有一点才能，懂得的多一点，就很爱表现，很爱发表意见评论。事后想起来，觉得自己很浅薄，尤其是在一个尊长面前表现自己。事后才知道原来这位尊长，给我们表演了大家风范。他看到我们班门弄斧，如如不动，反而让我们觉得无地自容。所以，在长辈面前要有谦卑的心，才会从尊长那里学到真实的道德学问。

近些年，学习了传统文化，对过去自己所犯的这些过失，觉得要好好地改正过来。"过能改，归于无。"即使是有才华、有能力，也要多隐藏一些，这是养谦德。有谦德，就会获得很大的福分。《了凡四训》上引用了《易经》上的几句格言："天道亏盈而益谦，地道变盈而流谦，鬼神害盈而福谦，人道恶盈而好谦，是故谦之一卦，六爻皆吉。"《易经》是儒家五经之首，讲的是天的道理。"亏盈而益谦"，例如月亮，月满则亏。天道，自然对满的东西要让它亏损，反而亏损的时间长，满月一个月只有一天，其他29天都是不圆满，这样才能长久。地的道理也是如此，如果水满起来了，它就要流走了。所以大海称为水中之王，何故海纳百川？因为它谦下，它的地位最低，所以河流的水统统流到大海里面。如果它很高，就不可能让江河的水流到自己那里。天地鬼神也是帮助谦虚的人，讨厌骄傲自大的人。人亦是如此，一个谦谦君子，在哪里都受人欢迎，何必用表现来证明自己的才华。真正有德、有才之人，久而久之让人发现，就自然获得大家的敬佩、大家的爱戴，不用刻意有心去表现自己。《易经》上六十四卦，每一卦六爻都有吉有凶，除了一卦之外，这一卦就叫谦卦，谦卦六爻都是吉祥。《书经》说，"满招损，谦受益"，这是亘古不变的真理。所以对于尊长"勿见能"，是培养我们谦虚的好习惯。

路遇长　疾趋揖　长无言　退恭立

这是讲，我们走在路上，遇到了长辈，应该赶紧走上前向他鞠躬作揖，向他行礼，是对尊长的恭敬。"疾"是快速，"趋"是走上前。看到长辈来了，这个长辈可能是自己的父母，或者是老师，或者是领导，见到了赶紧快步上前行礼，这是恭敬。如果见到长辈来了，还慢吞吞大摇大摆地走上去，这种形象就已经充满傲慢了。在这样的情形下谁会被人批评指责？傲慢的人。傲慢、高傲的人反而不容易得到大家发自内心的恭敬，谦虚的人、恭敬他人的人，才会受到大家由衷的赞叹。

在路上遇到长辈行礼之后，如果长辈没有话讲了，我们就应该退立一边，在家里、学校、公司、机关单位都是如此。长辈进来了，我们赶紧上前行礼。此外还要懂得处处留心察言观色，见到长辈有事，或者没有要讲话的意思，我们就要恭恭敬敬地退立在旁边，看看长辈需要我们帮助做什么，不要在旁边讲话影响长辈，这都是谦敬。

骑下马　乘下车　过犹待　百步余

古代人或者骑马或者乘车，现在是乘坐交通工具。我们在路上见到长辈赶紧要下车、下马，向长辈行礼。长辈离开以后，我们应该站在原地，目送长辈离开百步之遥，才可以离开。这都是体现出恭敬心。当然，这要按时间、按地点的不同来灵活运用。如果你开着车，行驶在一条很繁华的街市上，遇到了长辈，假如这时你把车就地一停，下车向长辈鞠躬，这时候可能交通警察就给你开一个罚单，说你乱停车，像这些情况就不适宜。所以我们守礼节，要懂得活学活用，不能学死、呆板，要学文中的原理原则。明了原理原则是让我们有恭敬心，而恭敬心在不同的时间、地点、处所要有不同的表现形式。恭敬心一样，表现形式可以不同，明了做事要把握分寸。

长者立　幼勿坐　长者坐　命乃坐

这是讲，跟长辈在一起的时候，像父母、师长、领导，他们如果站着，我们绝不可以坐着，因为这样就表现出非常的无礼，应该让长辈坐，长辈不坐，我们也不能坐。当长辈坐下来，他吩咐我们也一起坐，这个时候就听长辈的吩咐，可以坐下来。这个时候也要懂得不要逆着长辈，为了显示自己对长辈的恭敬心，长辈叫我们坐，我们还不坐，这又是失礼，古人讲"恭敬不如从命"。何谓恭敬？听话，才是恭敬，不要有自己的意思，所以，随顺长辈叫我们坐我们就坐。如果不叫我们坐，我们就要奉侍在长辈旁边，服务于长辈。这种礼节实际上大家都很熟知，但是在现实生活中，往往很多人都忘掉了。

2005年12月，《江南都市报》登载了一则消息。在江西南昌市的一个公交车上，有一位79岁的老太太上了车，结果没有座位。大家都视这位老者而不顾，年轻人也不起来让座。结果，坐在车厢后边的一位71岁的老太太，从座位上站起来，对这位79岁的老太太说："你看起来年纪比我大，请你坐我的位置。"79岁的老太太又很谦让说："没事，没事，您自己坐吧。"两位老太太就在车厢里互相的谦让。这一幕让旁观的乘客们觉得很惭愧，于是纷纷站起来给两个老太太让座。这两位老人家，在车厢里为乘客们上了一堂伦理道德的礼仪课。

由此我们想到，一方面，现代人真的太需要教育，这样明显的事情，居然都会麻木不仁。另一方面，我们看到两位老者这样的表演，用身教来启发大众的善心、爱心，身教重于言教。这篇报道让我们得到一个重要启示，真正体会到推动中华传统美德教育，最有效的方法，就是自己要做到。自己要在人群当中表现有伦理道德、有礼仪规范的这样的行为。表率的教育，效果是最好的。

当然，除了自身做表率以外，还要用嘴来宣讲，言教也相当重要。特别是现代科技发达，媒体覆盖面很广，利用网络、卫星电视、光盘、书籍乃至各种各样的媒介，广泛地宣传美德教育，也会收到很大的效果。所以学习传统文化，要言行合一，边说边做、边做边说，为社会做好的模范。

尊长前　声要低　低不闻　却非宜

这是讲，在尊长面前说话的时候，我们的声音不能太大。嗓门太大，声音很刺耳，甚至讲起话来还滔滔不绝，旁边坐的长辈都会心跳加速。在长辈面前要有柔和的气质，说话的声音、面色都要柔和，不能过高，更不能太激烈。但是也不能太低，"低不闻，却非宜"，声音太低长辈听不到也不恰当。所以，声音要适当，让长辈听起来能听得清楚，心里又觉得很安定、很舒畅，这都是尊重。

进必趋 退必迟 问起对 视勿移

这是讲，见到长辈，我们要马上快步走向前去行礼问安，离开退下来的时候，动作要慢。如果做法相反就不合理了。试想，假如我们见到长辈走上前来，我们大摇大摆，慢慢地踱步踱上去，向长辈行礼。跟长辈告辞的时候，走得很急，可能会让长辈产生一些想法：是不是很讨厌我这个长辈，是不是很畏惧我这个长辈？所以晚辈应该做到"进必趋，退必迟"才符合礼节。

如果长辈问我们事情，我们这时候是坐着的，要赶紧站起来，恭恭敬敬地回答。回答的时候眼神要安定，眼睛看着长辈"视勿移"，眼睛不要动来动去，那样会给人心不在焉的感觉，或者让人以为我们心里另有所想，这些表现都不好。所以，对待长辈问话，我们恭恭敬敬地回答，这时候眼神要定，眼神定代表我们的心安定，不可以左顾右盼。当我们心定下来的时候心就正，回答问题也正确。

平时我们做人，也要做得正。孟子讲，养浩然之气。如果平时私心杂念很多，常常心里存着一些不好的念头，甚至有很多所谓的不能公开的秘密、很多隐私，这种人在大众之中，往往会心神不安，自然就容易眼神无定，动来动去。我们平时要有主敬存诚的修养，修真诚心、恭敬心，上对得起天地父母，下对得起朋友，对得起一切人，这样就会心安身定。古人讲"诚于中，而形于外"，内心真诚恭敬，言语态度自然就镇静、稳重、安详。这种人的气质很高雅，与他交往觉得很舒服，外人受他气质的熏陶，也能得到提升。

事诸父　如事父　事诸兄　如事兄

这一句是总结。我们在家里，修养孝顺心、恭敬心，同时要把心量扩展到社会，对待一切长辈都如同对待自己的父母一样，对待一切兄长都如同对待自己兄长一样。要把孝悌这个德，把孝悌的存心，扩展到自己所接触的一切人、一切事、一切物，以孝敬之心来对一切人，对一切人都不要有分别。

孟子说："老吾老，以及人之老；幼吾幼，以及人之幼。"对待一切长辈，就像对待自己父母一样的孝顺恭敬。对待年幼的人，如同对待自己的儿女弟妹一样。这种爱心的原点，就是孝悌。当我们将孝悌之心对一切人、事、物，我们就离圣贤不远了。

孟子说："亲亲而后仁民，仁民而后爱物。"能做到对父母孝顺、敬爱，再将这种孝顺、敬爱的存心，对一切万民，称之为"仁民"。由对一切人的敬爱，到对一切事物的敬爱，称之为"爱物"。亲亲也好，仁民也好，爱物也好，说到底就是一个爱心。这个爱心是本性、是本善，用在不同的关系上，就有不同的表现。在五伦里古人讲十义，"父慈、子孝、兄友、弟恭、君仁、臣忠、夫义、妇听、长惠、幼顺"，是说在不同的关系里，都是这一颗爱心的起用，因此表现出来就有这十种德义，这就是伦理道德。

第三篇 谨

《弟子规》第三篇"谨"。这一章总共24节，所说的都是日常生活中衣食住行的生活小事。圣贤教导童蒙、教导初学都要制定一些生活的规范，让我们在日常生活当中，来修炼自己的诚敬之心。诚敬是我们学圣贤最关键的一种心态。

《中庸》讲，"诚者，天之道也。诚之者，人之道也。诚者，不勉而中，不思而得，从容中道，圣人也。诚之者，择善而固执之者也"。"诚"就是天道。人的行为能够时时用真诚，这就符合天道了。人道是"诚之者"，我们心地至诚的时候，已经跟天道相应了。何谓圣贤？"诚者，不勉而中，不思而得，从容中道"，这样的人称为圣人。他的行为是自然而然的，没有一点造作。所行的都是中道，没有个人的执著、分别、妄念，这种人就是圣人。但是没有天生的圣人，圣人是靠教、靠学出来的。如何学？就是要"诚之者"，"诚之者"，就是要"择善而固执"，一心为善。言语、动作、起心动念都与本性本善相应，做到了圆满就称为圣人。而人的诚敬心，是要在生活点滴中来养成的。

当我们每时每刻都不放松自己，而养成诚敬心的时候，诚敬就变得自然而然，不用刻意。古人讲："诚于中，形于外。"从生活的行为表现出我们的心地。如果放纵自己，行为上一定有亏缺。有智慧的人，是诚敬到了极处的人。他观察任何事情真的是入木三分。从很小的动作神态上，就可以看出个人的心地，就可以预知一个人的吉凶祸福。因为人一生的吉凶祸福，都是他的心地决定的。如果他的心善，那么他的境界和所遇到的任何的人、事、物都是善的；如果他的心地不善，那么他的一生，必定有很多坎坷。

　　一个人如此，一个国家也如此。有智慧的人，他是百姓心态，从国家的媒体里播放的内容，从一个国家领导人的言行，就可以预知这个国家的兴衰。《中庸》说："至诚之道，可以前知；国家将兴，必有祯祥；国家将亡，必有妖孽；见乎蓍龟，动乎四体；祸福将至，善必先知之；不善，必先知之，故至诚如神。""至诚如神"，也就是说他观察问题敏锐。心地清明有智慧的人，看到了他马上就明了情况，他能从一些小事、小的现象里面看到整体，甚至能够预知未来。因为未来的祸福、兴亡都有前兆。这个前兆，就是我们所看到的小现象，而粗心大意的人就忽略了。吉凶祸福表现在人的动作形态上。"见乎蓍龟。"蓍龟，是用来预睹未来的东西。"蓍"是一种草，"龟"是龟壳。是古人用来占卜用的。何以能占卜？因为必定有一个前兆，这个前兆就是一种像，这种像能够预卜未来。

　　能有预知未来本事的，这个人很神，而学了传统文化就能够培养出有智慧的人。吉凶祸福"动乎四体"，看一个人四肢的动作，就知道是吉是凶是福是祸了。总之，动作浮躁无礼的人就无福。动作恭敬，待人谨慎厚道的人就有福。因此"祸福将至，善必先知之"。善先知之，不善也必先知之。都是因为读了圣贤书，学会了怎样去看待人、事、物。当然学习最关键的不是去看人，而是要反观自己。希望自己这一生有福，就要在"谨"上下功夫。过去没人教我们，现在学习是"亡羊补牢"也不算晚。

朝起早　夜眠迟　老易至　惜此时

"朝起早，夜眠迟"是讲我们的起居作息要有规律，要勤奋。早上要早起，晚上不要睡得过早。因为如果睡眠占据的时间太多了，我们宝贵的光阴就给睡掉了。人一生光阴本来就不多，如果一天睡八个小时，一天就去掉了三分之一。再忙于日常生活的琐事、生病了要调养、休闲娱乐，这样又去了三分之一。剩下来就只有三分之一时间，可以用来学习和工作。了解了这个情况，我们就要格外珍惜--时间，努力进德修业，抓紧每一寸的光阴。

古今中外，大凡是有成就的人，绝不会浪费光阴。很多人专心于工作，精力集中就没有什么妄念，这种人反而睡眠会少。因为，他的心比较清净，心定消耗的能量就比较少。

有统计表明，一般人的时间，50%是花费在烦恼未来，总是想着将来该怎么做，很多忧虑、很多规划；40%的人，把时间用在后悔和回忆过去。总之90%的时间，不是妄想未来，就是追忆过去。过去的事情过去了，追忆也没用。未来的事情还没到，想也是妄想。人真正有用的时间，只有10%，真正帮助我们的只有当下。缅怀过去、期望未来，都是浪费时间。如果能够把这些妄想、忧虑减少，就可以省出很多时间来了。

我们自己的学业、事业，也都要抓紧时间去提升。古人讲得好："黑发不知勤学早，白发方悔读书迟。"不要等到年纪老了，才悔恨自己浪费了时光。

这里的"朝起早，夜眠迟"，我们应该以什么样的标准衡量才是比较恰当的？现在很多人"夜眠迟"都做得不错。你问他晚上几点钟睡觉，可能十二点，也可能是一两点甚至三四点都没睡，"夜眠迟"他做到了。但是"朝起早"他做不到。古人讲"朝起早，夜眠迟"意思不是让我们凌晨两三点钟还不睡觉。古人的作息是随着日头，所谓"日出而作，日入而息"。晚上七八点钟天就黑了，就入夜了，"夜眠迟"晚上九十点钟这就很迟了，那个时候就该休息了。早上几点钟起来比较合适？最好是五点前，不要超过六点，这样就比较符合"朝起早，夜眠迟"，这是有科学根据的。

依照中医的理论来看，一天可以分为四季，早上三点到上午九点是春季，九点到下午三点是夏季，下午三点到晚上九点是秋季，晚上九点到第二天早上三点是冬季。人在春夏秋冬一天里的四季，应该遵循什么时间起居？春发的时候万物生长，人也开始苏醒，就应该起床了；夏天是做事的时间；秋天是收获的季节；冬天一定要躺下睡觉。这是最符合生理卫生的。

所以，纵然早上三点钟起不来，能在四五点起床，也就很不错了。早上起得早，可以帮助我们得到很清醒的头脑。所谓"一日之计在于晨，一年之计在于春"。早起的人，能够很好地规划一天。早起半个小时，用这半个小时想好一天该做的事，订好一天的计划，样样都有条不紊，不至于忙乱。如果为了贪半个小时的睡眠，起来之后急急忙忙穿上衣服，赶紧去弄早餐，吃完早餐就冲出去上学或者是上班，结果一天都在紧张忙乱之中，没有安详的气息，做事往往会出错。早起的好处很多。

曾国藩先生在给他子弟的信函当中写道，他说看一个家庭有没有兴旺之气，就看这家子弟能不能早起。要想早起，必须得早睡，如果不早睡，早上就很难爬得起来。所以晚上九点钟以后，就要准备睡眠。这是很健康的，医学上讲，晚上九点到十一点，这个时候自己的免疫系统在恢复，这个时间也是排毒的时间，人需要安静，在睡眠的状态下排毒是最好的。晚上十一点到凌晨一点这是子时，这也是五脏排毒的时间。凌晨一点到三点，是肝排毒的时间。三点到五点，是肺排毒的时间。这个时间如果人都在安静睡眠当中，那么确实对身体有好处。毒如果不排出来积瘀在身体里面，会造成对身体的损伤。所以看到晚上很晚都不肯睡觉的人，第二天早上起床以后脸色都不会好看，这就是没有什么阳气。因为晚上睡眠不好，他这个身体没有能够得到恢复，所以常常熬夜的人，我们看他的样子都是面色蜡黄，精力也不够饱满。所以懂得"朝起早，夜眠迟"，我们调整时间，就要尽量地把晚上的工作，移到第二天早上做。其实早上起来，人头脑清醒，工作效率也高，高效率的工作往往是比晚上熬夜没有精神的时候效果要好。这是讲我们的作息。

"老易至，惜此时"，是提醒我们要珍惜时间，特别是我们对父母尽孝要抓紧时间。父母一天天的年老，我们要常常想到，能够陪伴父母的时间还能有几天？所以，行孝不能等。只要有一天的光阴，就要竭尽全力来孝养父母。这样不至于给将来留下悔恨。

晨必盥　兼漱口　便溺回　辄净手

早上起床以后，必定先要盥洗，漱口、刷牙、洗脸、上洗手间。从洗手间回来要洗手。这些从小养成的卫生习惯，对身体健康有好处。我们的身体健康，也是对父母的孝顺，因为"身体发肤，受之父母，不敢毁伤"。有健康的身体，也能够为社会很好的工作。这句话引申，会学的人看到这一句，他就会联想到进德修业方面，"晨必盥，兼漱口，便溺回，辄净手"讲的是我们身体要清洁，要洗净不干净的东西。对身体，我们要讲究清洁。对心理呢？我们往往重视生理，而忽略心理。心里面有很多肮脏的、不干净的东西，我们有没有常常去清洗？什么东西污染我们的心理？追求声色犬马的享受，追求欲望的满足，角逐于名利场中，这些都是对内心的污染，它都是内心的毒素，让我们的本性、本善受到蒙蔽。所以，要爱护我们的本性，对于那些不良的嗜好、不好的习性要把它去除。要知道，人的快乐不是从外在的名闻利养、五欲六尘的享受得来的。那些享受、欲望的满足，仅仅是外在的刺激，它不能让人真正得到持久的快乐。什么才是真正的快乐?《论语·学而篇》开篇就说,"学而时习之,不亦说乎"。那个"说",是喜悦的意思,这个喜悦不是外来的,是从内心里面不断地涌出来的喜悦。如何得到?"学而时习之",学圣贤的教诲,把圣贤的教诲努力地去落实、实行,这样越学越快乐。

孔子的学生颜回,他的生活非常贫苦,孔子在《论语》里说颜回,"箪食瓢饮"。吃饭的时候没有饭碗,拿竹子做的篓当作饭碗。喝水没有杯子,拿葫芦瓢舀水喝。"居陋巷",生活在非常简陋的巷子里面。孔子说"人不堪其忧",而"回也不改其乐"。别人在颜回的那个环境里生活,不知有多么忧虑。为什么忧虑?因为有欲求。很多人认为,快乐是欲望得到满足。而颜回知道,欲望不是快乐的源泉。欲望是烦恼的源泉,有欲、有求皆苦。苦从何来的?欲望。一个人没有欲望就刚强,无欲则刚。如果追求圣贤的学问,如颜回,他不改其乐了,也不愿意改变他的生活,因为生活再苦,都是外在的,内心里实在是太快乐了,这种乐称之为"法乐"。所以,没有真正深入到圣贤学问当中,是体会不出来的。此事如同喝水,"如人饮水,冷暖自知"。别人告诉你,水温度多少,怎么形容都形容不到位,只有自己喝了才知道水的温度是多少,什么感觉。

因此看到这句,我们就要懂得把心里的那些贪欲扫除、清洗干净,让我们的本性彰显出来,那才是快乐的源泉。圣贤人告诉我们"君子素富贵,行乎富贵。素贫贱,行乎贫贱。素夷狄,行乎夷狄"。无论你是什么样的家境,什么样的身份,富贵也好,贫贱也好,都能得到君子之乐。只要认真地学习圣贤教育,落实圣贤教育。

冠必正　纽必结　袜与履　俱紧切

这一句是讲要注重仪表：帽子要戴得正；衣服纽扣上下要对齐，不能扣得歪歪扭扭；袜子和鞋子要穿整齐，鞋带要系上。这是一个人基本的仪容。从一个人的仪表，我们可以看到他的内心。如果一个人内心很庄严，很谨慎恭敬，自然就诚于中，而形于外。他的外表一定是恭敬、谨慎。如果这个人外表邋邋遢遢，扭扭歪歪，就能明了他的内心必定有偏邪。从人的动作、神态，可以看一个人的内心，心是人的主宰，什么样的心，就有什么样的形象。一个人很端正、恭谨，就知道这个人必定是主敬、存诚。

置冠服　有定位　勿乱顿　致污秽

这是讲，在家里我们的物品要摆放整齐。衣服、帽子要放在该放的地方，乱扔的话就容易搞脏衣物。如果衣服脏了，就应该去洗，不可以堆成一堆。堆在那里时间久了就会长霉，生了污秽，即使洗也不容易洗掉，对身体也没有好处。家里要有整洁的环境，要把自己的房间整理好。一个人能够整理好自己的房间，才能够治理一个单位，治理一个国家。谚语讲："一室之不治，何以治天下。"你自己家里都没有打点好，没整理好，你怎么可能去治理天下、国家。所以，治理自己的房间和治理天下国家的道理是一样的。真正谨慎、恭敬的人，他就是一个很好的领导人。他有恭敬，就能负责任，他就会为国家和人民尽忠、负责。谨慎，他就不容易犯错误，不会有危险发生，他一定是个好领导。这种素质从小、从现在就开始培养。在整理房间、整理衣物的时候，培养一颗恭敬谨慎的心。

我们的恩师，他的房间都是自己整理，非常干净、整齐。衣物、物品摆放得端端正正，非常有条理。当恩师看到桌面上有摆得不正的物品，很自然地就把它扶正，这些动作绝不是刻意的，是久而久之养成的恭敬心随时随地的流露。他的卫生间里那个洗手盆，外面的盆壁上，连一滴水迹都看不到。每次恩师洗完手、洗完脸如果有水溅出来，溅到盆壁上面，他都会马上擦干净，这么一个简单动作，就是爱惜物命。恩师的洗手盆用了10年都是崭新的，这都是因为对物的恭敬。真正的大德，从哪里看？就从他的行为细节上，从他的生活起居上，看出他真正的品德修养。所以，我们希望这一生能得到成功，希望学圣学贤，在细微处一定要下功夫。

衣贵洁　不贵华　上循分　下称家

这是讲衣服的穿着，不要追求华美，只要干净就可以了。现在很多年轻人，喜欢追求时髦，服装都讲究时尚。又有服装师们年年出新招，设计很多不同款式的服装，让顾客们每年都手忙脚乱，忙得不亦乐乎，把钱全都贡献给这些服装公司，造成家里衣服一大堆，去年买的衣服还没穿过几回，还崭新，今年时尚一变,就不想穿了,说穿出去之后,会让人家笑话。何必为了追求这些时尚,让自己生活得那么累,时时生活在烦恼当中。本来辛辛苦苦赚了钱,可以慢慢地使用,没有任何的压力。追求时髦往往觉得钱不够用,人活得很累。更主要的是追求时髦,跟自己道德学问的提升没有关系。

"衣贵洁,不贵华"这句话是说,我们的服装一定要与我们的身份、与我们的收入挂钩,不可以勉强。比如说家里贫寒,我们衣着就不能穿得太华美,如果穿着很华美,反而显得自己很虚荣,与我们的家境不相称。如果家境富裕、身份高的,在出席必要场合的时候,应该穿得庄严一些,但是也不需要时尚,只要看起来端庄、大方、朴素就好。这都是以身示范,带动社会节俭的风气。

这一句话引申为,我们的穿着要符合场合,该穿什么样的衣服,就穿什么样的衣服,去不同的场合着不同的装。穿衣、戴帽体现一个人的教养。所以,衣着也是一种文化。

现代年轻人,衣服都穿得奇形怪状,特别很多女孩子,看上去她们的衣服都好像不够长、不够大,不是露上面,就是露下面。要知道露的地方都是人体最重要的穴位。特别在夏天的时候,穿露着肚脐和腰部的衣服,肚脐和腰这两个部位,都是应该重点保护的地方,如果受了风不好治,到中、老年的时候就够受了。农村的小孩子,他可以光着屁股,但是他一定是穿着小褂护着肚脐,说明肚脐是非常重要的穴位,这个部位一定不能让它露风。还有两个肩,这都是需要把它包裹起来的。这些对于一个人的身体健康极其重要。

穿衣服，也表明一个人的心态。如果穿着很随便、很暴露，容易引起人的邪思，往往一些不懂事的女孩子，就是因为自己的穿着不得体，而招致危险的事情发生。现在青年犯罪的案件很多，很可能与穿着有关系，因为这些穿着会引来人的欲望，把人的邪思勾起来。现在社会的污染已经够严重，我们要时时刻刻懂得保护自己，不能把灾祸引到自己头上来，因此，穿着非常重要。

孔老夫子的学生子路，是有名的孝子。他家里很贫穷，但是他孝顺父母很尽心，自己的吃、用却很简单，身上总穿着破旧的、打着补丁的棉袍。他同那些穿着皮衣、皮袄的富家子弟在一起，没有觉得羞耻。因为子路心里面有圣贤学问，知道穿着要"上循分，下称家"。一个人的道德学问，跟穿着华美与否不相干，虽然衣着破旧，但是心里有道，他依然是个富人。如果衣着华美，心里却追逐着名利、物欲，永远都贪心不足，那么他永远是个贫人。因此，贫富看他的心，并不是看他的钱。什么人真正富有？知足的人是真正富有的人，因为够用，所以他富有。如果不知足，哪怕是拥有一座金山，还是不够，总觉得自己没钱，还是个穷人。穿着、起居都是养德的下手处，一个人崇高的品德，就是在这些小的地方培养。

老子说，"九层之台，起于垒土"。九层高楼是一点一点的土石累积而成。在这些小地方慢慢累积，久了就成为大德，就成为圣贤。

对饮食　勿拣择　食适可　勿过则

这是讲吃饭。吃饭不可以挑食，特别是孩子，要很注意，父母要懂得帮助孩子养成好的习惯，在饮食上不能挑剔，要注重营养均衡。如果孩子挑食，这个喜欢吃，那个不喜欢吃，诸多挑剔不仅对身体不利，营养不均衡，更重要的是对他的心理是一个损伤，养成他的傲慢、浮华的态度，这是个大毛病。人如果从小养成了傲慢，这一生就没有幸福可言，没有能够帮助他的人，因为都被他的傲慢驱走了。现在我们中国社会，绝大多数都是独生子女，父母往往容易溺爱子女，在生活上会尽量满足子女，恰恰是这些过分的欲望，无形中培养了孩子骄横的态度。

这一点我真是非常感恩我的母亲，虽然我也是一个独生子，但是母亲却从来不娇惯我，在家里吃饭，是母亲做什么我就吃什么，从来没有说这个喜欢吃，那个不喜欢吃。很多父母问孩子，这样东西喜不喜欢吃，孩子说喜欢吃，就给他做，不喜欢吃就不做。每一样都让孩子来挑拣。我妈妈曾经说，孩子不用问他，你做什么，他就吃什么。如果不吃，就是他不需要，他真的饿了，就吃了。

从对饮食不挑剔的这一条，可以引申为对每一样事物都不挑剔，乃至包括对我们人生的命运，我们的处境，我们所遇到的一切人、事、物都不能挑剔。在任何的环境中，都要欢欢喜喜，随遇而安。这是君子、大人的心量，他不会因为挫折生烦恼，而灰心丧气，也不会因为顺境的时候，骄傲自满而得意忘形。心里面有主宰，就不会因为境界的不同，让心随之浮动，他的心是定的。

范仲淹讲"不以物喜，不以己悲"。朝廷重用他的时候，不会很欢喜；赏赐他的时候，也不会很高兴。自己不得志，朝廷没有重用他，把他贬官，他也不会悲伤。因为心里有主宰。他心里想的是万民，"先天下之忧而忧，后天下之乐而乐"。他把自己放在天下人之后，起心动念想的是天下人，没有想自己。想自己当然就会有烦恼，就痛苦难过。那都是"我"太严重，这个"我"就是自私。

通过在饮食上不挑剔，逐渐提升，放下自己的自私心，放下自己的主观成见，一切随顺。这样的人能得大自在，他生活在幸福快乐之中。

"食适可，勿过则"这句是讲，吃饭的时候，要注意不要吃得过饱。"则"就是分寸，要有分寸。不要喜欢吃的东西就拼命吃，吃得过胀，对身体没有好处，损伤肠胃。特别是晚餐，一定要少。晚上如果吃得太饱，本来身体是准备要休息的，刚才讲一天24小时，下午3点钟以后就入秋了，秋天是收的时候，身体要慢慢地进入冬眠，不可以吃得过饱，吃得过饱，晚上肠胃还要不停地工作，该休息的时候没有得到休息，久而久之就要得肠胃病了。特别是在非常饿的时候，更不能吃得过饱。平时每餐最好吃七八分饱就好了。其实人的很多毛病都是吃出来的，反而饿一点的人身体还很好，没有什么大病。往往病都是吃得太饱才生出来的，不是饿出来的。

我的舅父常常跟我们讲，过去在他年轻的时候经济不富裕，收入很低，很少能吃饱饭，现在将近70岁人了，身体还不错，走起路来腿脚都很灵便。他跟我们开玩笑说，他这一辈子都没吃饱过。这是真的。如果经常吃得太饱，恐怕就没有他晚年这个身体了。现在我们看到很多人，养宠物，猫儿、狗儿，给它很多东西吃，吃得肥肥胖胖的，都走不动路了，结果总是生病，要常常送宠物医院，自己劳累，它也难受。

吃饭不能过量，要讲究分寸。做人、做事也要讲究分寸。与人交往也要懂得留有余地。厚道的人就是有福的人，他们做事待人都很有分寸，总给人留一点余地、留一点情面。特别是在批评人的时候，不可以太偏激、太激烈，这会造成人与人之间的怨恨。因此，责人不可以太严，责到三分就好；做事，做到七分就好了。古人讲求缺，求缺的人能长久。《弟子规》这一条，告诉我们人生的大学问。

年方少　勿饮酒　饮酒醉　最为丑

这是讲，年纪小的孩子不能饮酒。因为饮酒刺激身体，酒精到了身体里，会产生燥热，对身体有很多不良的影响。比如说对循环系统，对大脑、对身体发育，都会有不良的影响。不仅小孩不能饮酒，大人也最好不要饮酒。老年人，他的气血循环不太好，靠喝点酒来刺激体内的血液循环，把酒当作药，可以少量地用。如果是为了贪酒的味道、贪杯，喝酒甚至喝醉了，这对身体会有很大伤害。而且喝醉了酒以后，往往会做出很多丧失理智的事情，因为人在不清醒的状态下面，会说错话、做错事，或者是仪容不整，这些都是丑态。作为君子绝对是要避免的。

我们与人交往、吃饭，也尽量少用酒。现在社会风气不太好，总是在宴席上面劝酒，非得要把对方灌醉不可，好像不把对方灌醉，就显不出我的热情，所以很多三四十岁的人，都得肝硬化。因为酒喝得太多了。现在的人，明明知道酒喝多了不好，还非要劝人喝，这其实不是真正为对方着想的人。古人讲，"君子之交淡如水"。君子交往，以义来交往，讲的是道义，不是以利。小人才是以利相交。特别是生意场上，大都是酒肉朋友。要知道，我们希望交往的合作伙伴，是要有诚意、要有诚信的。如果用酒肉、用利相交往，这个合作伙伴不一定能长久。

北京有一个公司的董事长，他读了《弟子规》中的这一句，他就想着要试验一下，看看如果我不喝酒，请客吃饭不用酒肉来联谊，能不能做成生意，于是他请人家吃饭就不请喝酒，结果这一年生意还做得更多。因为，他在宴席上向大家讲《弟子规》，讲传统文化，讲得很真诚，结果他的这些合作伙伴，看他越来越值得信赖，都愿意跟他合作，生意反而更好。真君子要懂得，以真诚心来交往，而不是用酒肉作为交往的手段。"酒"，引申开，也包括所有让我们沉迷的东西，如游戏机、打麻将、赌博、KTV，还包括更不好的抽烟、吸毒等等。这些东西让人玩物丧志，让人沉迷不醒，要把它戒除。

步从容　立端正

这句是讲，人的威仪要从容大方。迈步的时候，迈得不慌不忙，走起路来有一种潇洒自信的神态。站着的时候要端端正正，所谓"站有站相"。站的时候抬头挺胸，给人一种充满自信、正气的感觉，不要弯腰驼背，年纪不大，但是看起来却老气横秋。佛门里面有个"四威仪"："立如松，行如风，坐如钟，卧如弓。"站立的时候像一棵松树，挺拔端正。走起路来大方从容，像一股风。坐的时候，坐得端端正正，像一口大钟很稳重。睡的时候，右侧卧睡，腿弯起来像一张弓，这种卧姿称为"吉祥卧"，这样卧对身体有好处。这些形象都代表着内心，因为内心有诚敬，所以外面的形象就端正大方。反之如果内心不正，他的仪容也一定会有表现。因此，君子通过修行自己的仪表，来端正自己的心念。

揖深圆　拜恭敬

这句是讲对人行礼。古礼，有作揖，有跪拜，礼代表着恭敬心。作揖是两只手抱拳，弯腰动作要圆，不要看起来很生硬。向人礼拜的时候，古人是进入朝廷里，向皇帝行三跪九叩的大礼。在家里对父母，在学校对老师也应该要跪拜。

像我在家里对父母也是跪拜的，对自己老师也是跪拜的，这都是恭敬心。一个人通过这些礼节，来养自己的恭敬心，时间久了，恭敬心就养成了。养成恭敬心，处处有一种谦和之气，这就是福气。《了凡四训》讲，"大多吉凶之兆，萌乎心，而动乎四体"。一个人的吉凶祸福，必定有一个预兆。什么样的预兆？他从心里面生起的每一个念头就是预兆。虽然一般人看不到他内心的念头，但是能够通过他的身体、神态，看到他的内心。所谓"其过于厚者常获福，过于薄者常近祸"。如果一个人的行为非常恭敬、厚道，他必定会获福。如果一个人轻薄、傲慢、懒散，这种人必定会引来祸。

明朝袁了凡先生，在他的《诫子文》里面，讲了他亲眼见到的一件事。有一个读书人，也是袁了凡的朋友，叫夏建所。有一次，了凡先生去拜会夏先生，看到这位夏先生仪态谦和、卑下、谦光动人，透出一种自然的谦敬神情。袁了凡回来之后向大家讲，夏建所先生必定要中举人。因为，大凡天要让一个人发达之前，必先让他的智慧发起来。他有一分智慧，就有一分福分。智慧一发，轻浮的人也变得诚实，放肆的人也能够收敛，变得厚道、恭谨了。所以夏先生这样的谦光动人，必定考中。果然开榜之后，夏先生中举了。古代读书人，懂得圣贤学问，他就懂得看人。看一个人有没有福，就看他有没有谦和恭敬的态度，而谦和的态度也必定是通过一些礼节体现出来的，因此即使是忙乱的时候，他的礼节都不缺。因为恭敬心没有减少，所以他常常能做到"揖深圆，拜恭敬"。

我们现代的人是很可怜的。废弃了古礼以后，直到现在也没有制定出一套完整的礼节。因此也就无法确定在哪个场合用哪个礼节。有的人握手，有的人点头，有的人微笑，有的人鞠躬，有的人跪拜，这些都是礼。不管形式如何，我们要从与人交往的过程中，修养自己的恭敬心，这是重要的。

勿践阈　勿跛倚　勿箕踞　勿摇髀

这是讲，我们行、住、坐、走要注意的威仪。譬如进人家门，很多人家的门口，都有一个门槛，跨门槛就要注意到，不可以踩在门槛上再跳下去，这样显得轻浮、不庄重。况且我们脚踩在门槛上面，如果后面是位中年妇女，她的裙子很长，她跨过门槛的时候，可能裙子就会被我们踩过的门槛给搞脏了。这些细节都是让我们处处想到别人。

"勿跛倚"是讲，站立的时候不可以东倒西歪。我们看到有的人，靠在墙边一只脚站着，另外一只脚就乱动，身体歪斜，看起来很不庄重。

"勿箕踞"，"箕踞"是讲坐的样子，像一个簸箕一样。这个"箕"是什么形象呢？两腿岔开坐着，样子很难看。特别是女孩子穿裙子的时候，如果裙子比较短，这样就更加不庄重。

"摇髀"是讲坐的时候腿摇来摇去、晃来晃去。我们常常看到一些人，一坐下来腿就拼命地摇，感觉这个人心很浮躁，很不安定。因此坐的时候，要坐得规规矩矩，最好两条腿并拢。特别是女孩子，把双腿并拢看起来就很端庄，大腿绝对不要摇摆。古人讲"正襟危坐"，正襟危坐是背都不靠在椅背上。腰直起来，坐凳子也不坐满凳子,坐前面一半,身体自然能够直立,这么一坐,人的恭敬心就提起来了。这些小的行为,都是圣贤帮助我们修养恭敬、谨慎之心的方法。

缓揭帘 勿有声

这是讲,家里面都有窗帘,现在的人有用百叶窗或者是布帘等等的。拉窗帘的时候,要慢慢地、缓缓地拉,不可以拉出声音。如果是心里着急,把帘"哗"一下拉开,声音就很大,会吵着别人,如果刚好有人在家里休息,就打扰到他了。而且急急忙忙拉帘子,也很容易把帘子拉断,像百叶窗的绳子一断,整个帘子"哗啦"一下就掉下来了。因此"缓揭帘"是告诉我们,事情要缓缓地做,不能急躁,要按部就班,心要定,不能急。做事急躁往往不能成功。"缓揭帘"注重的是这个"缓"字。古人讲"事缓则圆",通过拉窗帘这个事情,我们要举一反三,闻一知十,明了做事要缓缓地做,才能做得圆满,急于求成往往容易败事。古人劝我们"凡事三思而后行",三思而后行,就是事要缓做,考虑要周详。如果是急急躁躁,很快要把事情做完,这种急躁的心往往会出乱子,这样的人也不能担负大业。特别是大事当前,古人云"每临大事有静气",这个"静"是安静。心里安定,考虑问题就比较周详,做事就能成功。

宋朝有位大将叫宗泽,他的内心总是很安静,每当领兵出征的时候,整个军队行走声音都很小,自己也是一言不发。他曾经写过一首诗叫《早发》，就是写出征时候的那种情形："伞幄垂垂马踏沙，水长山远路多花。眼中形势胸中策，缓步徐行静不哗。"这首诗是说将领率部出征，征途上耳边只听到马踏在沙上的声音，还有马车上伞和垂那叮叮当当像风铃般在摇动，却没有半点人声。望着眼前的山势、水流，胸中早已经形成了对敌之策。

古人存养的功夫，全在一个缓字。做事要缓一点。缓不是指慢慢吞吞，而是我们的心要定，心定的时候想问题就周详。包括我们讲话，也不可以太急，急容易出错。讲话一个字一个字吐音，有条不紊讲得就顺。例如我们讲课不能讲得太急，讲急了意思就讲不周详，听众吸收的也不好，所以慢慢地讲，效果才能好。

宽转弯　勿触棱

这句是讲，我们在屋里行走，要注意桌子、柜子的棱角。转弯绕过去的时候，要"宽转弯"，不能转得太急，靠得太近就会碰了那个角，身体也容易撞伤，物品还会碰翻，这样就不好，要懂得爱护身体，爱护物品。

我们很多人，都有这样的一种经验，比如在厨房，心情急躁的时候，就像是赶时间，可能一不小心，头碰到了油烟机，或者是碗柜上，就会肿起一个大包，甚至会碰翻了锅，碰翻了油，把身体都烫伤了。越是急，结果拖得时间越长，这就是"欲速则不达"。所以，古人就是从这些小事上面，教导孩子，锻炼孩子的耐性，培养安详的气质。古人教孩子，再急的事情都不准跑，一跑气就不顺，就很容易碰翻东西。懂得从小事情，锻炼大气质。

"宽转弯，勿触棱"引申的意思，棱、棱角，也可以代表别人的痛楚。不仅是物有棱角，人也有棱角。如果一个人有痛楚，不希望人家去碰到他的痛楚，那最好就不要碰，否则会产生不愉快。或者是一个人性子很刚烈，喜好争执，那么这个人也是很有棱角的。我们也最好和颜悦色，不要跟他起冲撞。说话都要委婉一点，让他几分，这样就不至于"触棱"了。要懂得厚待人，学会让人生欢喜心。对人要宽容一点，做到宽以待人，不要跟人家结怨。

执虚器　如执盈

"执"是拿着的意思。"虚器"是指空的容器，如空杯子、空碗。我们拿空杯子、空碗的时候，就好像杯子和碗里盛满了水一样，要小心谨慎地拿着，走路也要缓缓地走。如果走得很快，装满了水的杯子或者碗，就会洒出水来了。表示我们对任何物品，时时都要有恭敬谨慎的态度，不可以粗心草率。对物品如此，对任何事也都要有"执虚器，如执盈"的态度。

这句话用在我们求学、工作都非常适用。我们学习君子，学习圣贤，事情没有来的时候，要谨谨慎慎，持己以恭。对待自己要恭谨、要谨慎，防范自己的过失。真正有事情来了，自然有一种豁然大度的风度透出来了。要学习古人在日用平常中，修养自己的品德，这才会成就惊天动地的伟业。

入虚室　如有人

这句是说，我们要进到一个空的房间里，房间没有人，在进去之前，也要当作房间里有人一样，先敲敲门，或者是进门前先呼叫一声，比如说"我来了"。这些小的行为都是对人的爱护、恭敬。因为一个房间我们以为它是空的，没有人，如果万一有人，我们突然走进去，就会把里面的人吓一跳。或者是看到别人在里面换衣服或者是做什么事情的话，都会很尴尬。所以，我们养成一个习惯，准备进入一个房间时，先敲敲门，或者是弹一下指。

这句话引申一下讲，我们自己在房间里面的时候，也要像有人在我们旁边一样的谨慎，哪怕是独自一人，也不可以放肆，这是古人讲的"慎独"的功夫。"慎独"是养自己的品行，往往我们在众人面前，会表现得彬彬有礼，表现得很恭谨。但是当一个人独处，没人看见的时候，就放肆了，甚至会起恶念、起邪思，这就跟道相背离了，这种人不是真正学圣贤，他所学的都是皮毛，只是语言文字而已，没有学到真实的学问。

《中庸》讲，"道也者，不可须臾离也。可离，非道也。是故君子戒慎乎其所不睹，恐惧乎其所不闻，莫见乎隐，莫显乎微，故君子慎其独也"。这是讲"道"，我们追求"道"，不能够有片刻偏离。因为如果我们一念不善，这就是恶，一念没有仁爱之心，这就是不仁、不义，所以"道不可以须臾离也"。我们心中常常存着圣贤的教诲，不管有没有人在，都是一样地怀着戒慎恐惧之心。

别人没看到、没听到，我们还是这样的恭谨，这称之为"慎其独也"，这是《大学》里讲的诚意正心的功夫。

《菜根谭》讲，"青天白日的节义，自暗室屋漏中培来。旋乾转坤的经纶，自临深履薄处操出"。崇高的节义，真实的道德学问，从哪里来的呢？都是从暗室屋漏中、没人看到的地方，谨谨慎慎、如履薄冰、如临深渊这样修养成功的，所以"慎独"非常重要。

事勿忙　忙多错

这句话是教导我们做事不要仓促、急忙。因为仓促往往容易出错。现代的社会，好像大部分人天天都在忙。实际上仔细观察，很大程度上还是自己没有很好地管理好时间，筹划方面做得不够，所以遇到事情就会临急、临忙，不知所措。

《大学》讲："物有本末，事有终始。知所先后，则近道矣。"这是告诉我们，凡事都有开头、结尾，都有先后顺序。如果在处世接物当中，懂得先后的顺序，知道什么时候应该做什么事，现在应该做什么，将来应该做什么，一切有条不紊地进行，这就近道了。近道的人，是个成功的人。

我们留心看，国家的领导人，企业、事业单位的领导，只要是有能力、有智慧的领导，其实并不是很忙，甚至有时间去打高尔夫球，或者是娱乐，并不是像我们想象的那样忙得日理万机、不可开交，没有。为什么他们能将事情处理得这么好？因为他们懂得事情的轻重缓急。哪些事要当下做;哪些事可以暂缓一步做;哪些事不必要去做。所以临事能够从容不迫。

而回想我们工作、学习,实际上很多事情都在重复用功,时间花在重复的补救工作上。记得在大学里做研究,如果事先将研究方案策划得很仔细,定得很好,做起来就比较顺。如果考虑不周到,往往做到一半就发现,很多前面的准备工作没做好,只得再从头开始做起,这就做了很多无用功,时间就浪费在这些补错、补漏上。甚至错了之后心里会急,一急,就更加忙乱。越忙乱越做错,错了又更忙,进入到一个恶性循环中了。

当事情来临之时,要懂得心要先定下来,把事情先想清楚。古人讲"三思而后行",先想好了再动手做,这样出错的概率小,效率就高了,人也不那么忙了。做事如此,我们的人生也是如此。古人讲人贵立志,为什么要先立志? 因为立定志向以后,人生的方向就很清楚。凡是跟这个方向没多大关系的事情,我们就可以把它放下,不去做。这样我们进步快,成功也快。如果人生没有目标、没有方向,往往像一只无头苍蝇。

每天遇到很多人、事,很多机遇不知道如何去抉择。东搞搞,西搞搞,搞来搞去,搞到最后,样样都没有成就。甚至有很多人抱怨,自己这一生已经过了大半辈子,都不知道干了些什么。很多人从小就羡慕人家长大,长大了就可以不被人欺负了,所以小的时候就盼望着赶快长大。长大以后上了中学,羡慕别人上大学。上了大学想着赶快毕业,羡慕别人有好的工作。毕业后又急急忙忙找工作,找到工作了,又羡慕别人结婚,然后又急急地结婚，娶妻、嫁夫，生儿育女。生了孩子，一边工作一边带孩子感到很累，又盼孩子赶快长大，长大以后，自己就能轻松一点。因为从小忽略了对孩子的教育，等孩子长大之后，又发现孩子不听话，搞得自己很烦恼。工作劳累，家务多，孩子又不听话，觉得人生怎么这么苦，就想着赶快退休。希望退休之后能清闲一点，结果退休以后也没闲着。儿子长大了，娶了媳妇，生了孙子，又得去帮着儿子照顾孙子。想到自己老了会病，就真生病了，病了之后想到自己就要死了，临到死的那天，突然想起，哎呀我怎么这一生没有真正地去活，到底一生急着干什么呢？确实，这样的人生过得很冤枉。

古人劝导我们要立志做圣贤，其实在每一个专业、行业上，都能做圣贤。我们要做圣贤，就要读圣贤书，学习传统文化，心里有主宰，对于人生路应该怎么走，心里要很清楚。要活在当下，活在安详当中，不可以太忙。

勿畏难　勿轻略

这是讲，我们一生无论求学或是修道，无论做什么事情，都要"勿畏难，勿轻略"。立定了目标就不要害怕艰难困苦，坚持不懈一直做下去就能成功。当然也不可以太轻忽，如果把事情看小了，粗心大意，所立定的目标也不可能达到。一件事情不能成功的两大障碍，就是"畏难"和"轻略"。求学的人，都知道学习是一件艰苦的事情。孩子从上小学那天开始，一直到博士毕业，快的也要二十年，可能有的要读二十多年。这二十多年的书，要读下来也是很不容易的，要有坚定的信心、恒心，才能把这条路走完，所以不可以害怕艰难。如果怕难中间辍学，学业就不能完成了。也不可以把它看轻、忽略了。如果轻视它，觉得学习也没什么难的，这样掉以轻心的态度也学不好。无论做任何事情都要专心、认真，不可以马虎大意。马虎大意之后做不好，自己的信心可能就退失了。

以一颗平常心去对待任何事情，就什么事都不难。每一天该做什么就做什么，不急躁也不懒散，最终就能获得成功。而平常心就接近于道了。平常心就是心里有一个目标，要把这个事情做好，但是也不能够总是被这个目标所困扰，因为如果心太急，被这个目标所困扰，就会产生很多不必要的忧虑、牵挂，这是自设障碍。

在现在社会里，想要成就一桩善事不容易，好事多磨。例如推广圣贤教育，推广传统文化教育，应该以什么心态？明朝的俞净意先生说过，"若有力量能行的善事，不图报，不务名，不论大小难易，时时处处耐心行去"，这就是最好的态度。一桩事情如果是好事，我们有能力就做，没有能力就让别人去做，我们协助他来做。无论是自己做，或者是协助别人做，总是不图报、不务名，不求人家的报答，甚至不求有好的果报。人家讲善有善报，善报我们都不求。善事是应该做的，我们不要名、不要利。事情大小、难易都无所谓，在当下，在我们现前，能够做的就耐心去做。老老实实、脚踏实地地把这些事情做圆满，这是真诚心。

俞先生又说，"久久行之，自有不测效验"，果然以这种心去行善，自自然然有我们意想不到的效果，也会发生意想不到的好事情，真的是善有善报。我们积极地去行善，没有私心，不求名闻利养，以一个无所求的心去做，果报非常殊胜，真是不可思议的。

历史上，孔老夫子一心一意想推行周公之道，要恢复圣人的礼乐教化。虽然他这一生有很多曲折，很多不顺利，但是孔老夫子从来没有放弃过对"大道之行也，天下为公"这个理想的追求。孔老夫子希望国家用教育来行仁政，虽然周游列国14年，但是没有一个国家的君主听他的、采纳他的"不用武力而推行教化"的政治主张。

直到晚年，孔老夫子才回到自己的家乡鲁国，办私学，教化大众。在他门下学习的弟子有三千人，真正有大成就的就有七十二贤人。尽管孔老夫子一生没有大富大贵，可是他对圣贤教育不断地追求、推动，没有畏难也没有轻略，因此他成为中国乃至世界的万世师表。孔老夫子这位至圣先师，作为教育家、思想家名垂青史，受到万代人的敬仰。

两千年后，世界进入二十一世纪，孔老夫子的第八十代孙出世，仍然受到政府的重视。这是孔老夫子的福荫，是他老人家的德行在护佑着自己的后代子孙。

宋朝的包拯，人称包青天，也是一位大孝子。早年父母双亡，他是由自己的长嫂抚养长大，对长嫂的恭顺孝敬如对母亲。包拯40岁入朝为官，他在家能尽孝，入朝就能尽忠，人称铁面无私的"包青天",他成就了名垂青史、忠义刚正的典范。包拯的第二十九代孙——台湾的船王包玉刚是位大富长者。一千多年前包青天的忠义之德,使得子孙后代依然享有这样的福分。正如《书经》所言:"作善,降之百祥;做不善,降之百殃。"

为善之人,天会降下无穷的福分。反过来,造恶之人,天也必定给他降下各种灾殃。《易经》云:"积善之家,必有余庆;积不善之家,必有余殃。"

"择善而固执之",真正做善事能够踏踏实实,不畏难、不轻略、不图名、不图报的大公无私之人,他的家族必定兴旺。

斗闹场　绝勿近

这是讲那些不健康的场所,例如赌博、吸毒、色情以及一些不健康的娱乐场所等等,都不要进入,连靠近、接近都不要,因为这些场所让人的心会受到污染。他人在这个场所里面争斗、胡闹,虽然我们自己没做,但是总会落下一个印象,这个印象就污染了我们的本性本善,如果不加以防备,时间久了,污染多了,可能自己不知不觉的也就跟这些人同流合污了。因此要懂得"择善固执",要接近善人,到善的地方去,使我们的德行学问能够不断得到提升。

例如,广东汕头市有一位张女士,是位家庭妇女。她在家里,跟她的公公婆婆关系都很紧张,而且要跟丈夫闹离婚。离婚之前,有一次她听到了一堂传统文化课程,主题是"幸福人生讲座"。听完之后，她感到十分惭愧。回家以后对她的公公婆婆开始恭敬、孝顺，对自己的先生也能体贴了，简直是判若两人，这是传统文化把她的本性本善引发出来了。婆婆看到媳妇这样的巨变，心里很欢喜，有一天就特别召集了所有的族人一起来吃饭。在餐桌上婆婆当众对自己的三个儿子、儿媳和一个女儿说："你们都要去学习一下这个课程，去听'幸福人生讲座。'"

一个媳妇学习了传统文化，回到家以后，让老人家发现了她身上的变化，以至于让全家乃至全族人，都对传统文化教育产生了信心。因此去接近好的场所，会得到莫大的利益。为什么这个课程能够这样感动人？主要原因是老师们确确实实在身体力行圣贤的教诲，把《弟子规》落实了。

要推广传统文化教育，教育者自己要首先受教育，先要做到，这样才能够有好的教育效果。古人讲，"正己化人"。自己正了才能教化别人。

还有南京的一个企业，他们的董事长和总经理，特别带着员工们来"幸福人生讲座"，听完之后，就开始真正力行君仁臣忠，"君使臣以礼，臣事君以忠"。董事长和总经理带头，每天早上很早就来到单位，站在门口向每一位到来的员工鞠躬问好，感谢员工们辛勤的工作。员工们看到老板这样对待他们，心里也都很感动，做事比原先更加负责任。原来在公司招待员工的食堂里，常常会看到桌上、垃圾桶里，有很多吃剩的饭菜，员工不珍惜企业老板为他们提供的伙食。听了《弟子规》、"幸福人生讲座"的课程以后，大大改变了食堂过去的景象，大家能吃多少就拿多少，桌上再也看不到一点饭粒，垃圾桶里也没有了剩饭剩菜，渐渐地浪费越来越少，后来连那个泔水桶都被撤掉，没用了。以往大家打饭的时候，都争着、抢着，秩序很乱，现在都规规矩矩地排队，按次序取饭。公司上下级也变得和乐融融，员工和领导之间能相互关心、相互体贴了。甚至这种爱心，还延伸到员工们的家属。

从这些事例中，我们可以看到，接近善的地方，接近善人，能够使自己品德、学问得到很大的提升。不知不觉，自己也改变气质、转变观念，成了一个善人。古人云，"入芝兰之室，久不闻其香。入鲍鱼之肆，久不闻其臭"。如果进到一个充满兰花的房间里，在里面呆久了，你就闻不到兰花的香气。虽然闻不到，自己不觉知，但是别人能闻到你身上的香气。如果是在卖鱼的市场里面呆久了，身上也就染上了臭气，虽然自己闻不到，但是别人能闻到。

"斗闹场"比喻不好的地方，我们不要去接近。在美国曾经发生一起骇人听闻的事件。这事发生在新奥尔良，有一个青年男子，到酒吧去喝酒，一会儿来了两个姿色不错的小姐，有说有笑地来陪这个男子喝酒。可是没想到那个酒里面放了蒙汗药，这个男子喝了以后，不知道什么时候就不省人事了。等他醒来以后，发现自己被全身剥光，躺在一个酒店浴室的浴缸里面，全身盖着冰块。他感到自己身体虚弱无力，勉强用手机拨叫了警察和救护车。结果他被送到医院里一检查才发现，原来他的两个肾，都已经被切除了。在美国黑市里，卖一个肾要十万美金，这些犯罪集团就用这样极其恶劣的手段来盗取人的肾。想想这位男子进入酒吧，又被色所迷，惨遭这样的劫难，学习了这句"斗闹场，绝勿近"，可以帮助我们免去多少灾祸。

邪僻事 绝勿问

"邪"是指不正当的，"僻"是怪僻，对于那些奇奇怪怪的事情，我们绝对要不闻不问。因为这样做帮助我们保持心地纯正，保证我们本善之心不受污染。凡是邪僻、见不得人的事情都不是好事情。

"子不语怪力乱神。"孔老夫子从来不讲那些奇奇怪怪的、装神弄鬼的怪异事情，他绝对不讲，也绝对不问。现代人对这些怪力乱神的事情，还特别怀有好奇心。媒体也投其所好，偏偏喜欢报道一些邪僻的、一些奇奇怪怪的事情，来满足人们的好奇欲望。好事却无人问津，偏偏那些杀、盗、淫、妄、恶劣的事情，却有很多读者，这是把社会风气搞乱了。要知道社会风气的好与坏，媒体的导向作用很重要。如果常常报道好人好事，报道孝子的故事，报道道德仁义的事情，启发人的良善之心，就会把社会带上和谐安定的轨道。

那些杀盗淫妄、冲突邪僻的事情，那些激进的事情和言论报道多了，就会引发人们的不安定情绪。人们会偏激，会起邪思。我们自己要懂得避免污染。孔老夫子的学生颜回说："非礼勿视，非礼勿听，非礼勿言，非礼勿动。"凡是不符合礼的，不符合伦理道德、不正当的这些事情，我们不看、不听，不要去讲，更不会去行动。人一天到晚会接触到很多的信息，其实大部分的信息，对自己都是可有可无的。假如我们不去接触这么多事情，也能生活得很好，心地反而更加清净。清净就能生智慧。

老子云，"为学日益，为道日损"。我们学习要多看多听一些正当的、好的事情。"为道日损"是把我们所听到的所看到的不好的东西，从我们的脑海中删除掉，使得我们的心境日益空明，这是"为道"。"为道"者有智慧，虽然他没有接触到外界，但是你问他的时候，或者把这些事情跟他一讲，他马上就能够明了。你若有不懂的问题向他请教，他一听就能回答，这是有智慧的人。

将入门　问孰存

这是讲，我们进入一个房间之前，先要敲敲门，或者是先问一声"有没有人"，或者问"我可以进来吗"。这些基本的礼节，从小就要教导孩子，这是对人尊重。假如我们问都不问，一下子贸然闯入，这是对主人的不恭敬。还有我们在给人打电话的时候，接通了电话，先要问对方："您好，请问你现在说话方便吗？"看他现在接电话方不方便，这也是对对方的尊重。如果他方便，就继续说，如果不方便，那就迟一点再联系。这都是学会尊重别人，尊重别人也是爱心。

将上堂　声必扬

这是讲登堂入室。比如进入一间屋子，或者进入一个厅堂，或者到人家的办公室，进门之前都要先高声问一句："请问里面有人吗？"或者说"报告领导，我能进来吗？"等等。把声音传出去让对方听到，一是给人一个心理准备，不至于因为你的突然出现，吓到对方，另外也是表示对对方的尊重。

人问谁　对以名　吾与我　不分明

这是说当人家问到你叫什么名字时，要如实地把自己的名字报出来，不要说："我，就是我。"不肯跟人家说明白。如果对方忘了你的名字，或许他根本不认识你，就会造成尴尬的场面。特别是给对方打电话，如果对方说："你找谁？你是谁啊？"我要是不报名字只是说一句，"是我呀，我的声音你都听不出来"。对方可能回答说，"我就是听不出来呀"，这样反而让自己很尴尬。这句是教导我们，说话要以分明、清楚为准。说话如此，做事也要懂得分明，主次、轻重、先后都要分明。

用人物　须明求　倘不问　即为偷

这是讲，要使用别人的东西，我们要明明白白地向人请求。

如果不经过他人同意，就拿来用了，这等于是偷盗、偷窃。这些事情我们如果平时不注意，往往容易犯。特别是相熟的朋友之间，可能随便就拿了别人的东西来用，用了之后如果别人找不到了，就会生烦恼。

在一个宿舍里，几个同学一起住，如果一个同学，穿了另外一个同学的拖鞋去上洗手间，这个同学要穿的时候，他找不到自己的拖鞋，就会骂人了。很多争执、冲突，就是因为没注意一些小节就引起了矛盾。如果事先问一句，或者先报告一声，让对方知道了你要用他的东西，一般来讲他也能同意，同意了之后你再用，这样的话，你们两个人都会很安心。

我们在公司、单位，或者是在政府部门里工作，很可能也会为了自己的私事，而用到公家的物品。如果要用公家的信封、笔、文具，甚至用公家的电话，都应该向自己的上级报告一句，领导同意了再用，这就不至于犯偷盗。

我们的恩师，以前跟我们讲过他的老师李炳南老教授，也曾经在政府部门工作，每次要用单位的信纸写信的时候，李教授都必定向领导征求，经过领导同意才用。有时候领导会说："哎呀！就一张纸，哪个人不是这样用的，你怎么这么啰唆呢？"李教授就说："如果我要是不问您就拿来用，那我就是犯了偷盗。《弟子规》上说，'用人物，须明求，倘不问，即为偷'，我现在向您请求，您同意了，这就不算偷盗。"我们看，真正的大德对一张纸、一支笔，这么小的东西都小心、谨慎，不在小事上亏欠一点德行。

借人物 及时还 后有急 借不难

这是讲，向人家借东西，或者是借钱、借物品，都要及时的归还。如果不能够及时归还，就会让他人焦急，起烦恼，对我们的印象就不好，下一次再需要借的时候，可能对方就不肯借了。如果我们有借有还，并按时归还，以后要借再多的东西，对方也能欣然同意。知道你的人品，知道你不会有贪心。要知道，有贪心，就容易犯偷盗。包括借了财物，拖延时间归还，这都是有犯偷盗的嫌疑，因此要常常对自己的心有所警觉。财物摆在面前，有没有贪婪，该不该获得，不该获得的，就不可以起贪心。《礼记》上曾经说"临财勿苟得"，面对财物不能有贪求之心，而不义之财则更不能要。这些品行要在孩童的时候，就要懂得培养。

2006年2月8日，《楚天都市报》登载了一条消息：因为冬天冷，湖北省武汉市的电车上面，都放了一些棉坐垫，这样坐起来比较舒服。这是电车公司全体员工，为广大乘客奉上的一份爱心。结果没想到很多人下车的时候，顺手就把坐垫拿走了。根据电车公司的统计，仅仅三个月，车上丢了一百一十个坐垫。消息还报道了一个特殊的例外，有一位拿走了坐垫的乘客，又把它送回来了。事情是这样的，有一天，一个老人家带着一个小朋友，拿着两个坐垫，来到电车公司，向大家道歉。因为自己的小孙子在前天下车的时候把坐垫拿到公园去坐。当天回到家里，被爷爷发现了，爷爷批评他说，你这样拿了不对。你拿了之后，后来的人就没得坐了，而且你没有征得电车公司人员的同意，擅自取用，那是偷盗。于是老人家让小孙子写了一份检讨书，然后亲自带着小孙子，把坐垫送回了电车公司。这是一位真正有智慧的家长，能够对孩子不好的行为及时加以制止。相信这件事会在这个孩子心中留下很深刻的印象，以后他就明了了这是"倘不问，即为偷"。

洒扫应对，人情交往，我们生活起居，这些日用平常的小事，都能够锻炼我们的恭敬之心、谨慎之心。

第四篇　信

　　"信"是正文的第四篇。"信"这篇讲了15条,它是劝导我们做人要守信,要讲究诚信,同时也要有高尚的信念,立志向圣贤之道迈进。

凡出言　信为先　诈与妄　奚可焉

　　这一句是讲,我们说话要有信用,不可以说诡诈的话,也不可打妄语。孔老夫子曾经讲过,"人而无信,不知其可也"。一个人如果没有了信用,他一定不能在社会上立足。

　　现代社会,信用是非常重要的财富。我们买房子、买汽车要贷款,银行都要查查我们的信用史。公司要借贷也要有很好的信用。人希望这一生学做圣贤,也要从诚信这里做起。司马光说过,这一生没有一件事不能跟别人说。这是他表明他的心地非常真诚,没有见不得人的事情,没有隐瞒别人、欺骗别人的事情,说话、行动都有诚信。

　　在古代的周朝时期,吴国有一位公子名叫季札,有一天他奉命出使鲁国。在路过徐国的时候，与徐国的国君见面，徐国国君很欣赏季札身上的佩剑，这是一把非常好的佩剑。当时季札也看出了徐国国君的心意，心想：我应该把这把剑送给国君。但是话没说出来，因为他想到自己现在要出使鲁国，路上还要用，等自己从鲁国回来，再经过徐国的时候，就把这把剑当作礼物送给徐国国君。没想到等季札从鲁国回来的时候，徐国的国君已经去世了。于是季札就来到了徐国国君的陵墓前，对着陵墓说，当时我的心中已经许下了诺言，要把宝剑送给您，虽然您已经不在了，我不能因为您去世了，就违背自己的心。说完把剑挂在了树梢上，转身离去。这就是历史上著名的"季札挂剑"。古人是真讲究信用，不仅说出的话要恪守诺言，就是心里起了一个念头，也要堪对自己的良心。

话说多　不如少　惟其是　勿佞巧

这是讲我们不可以多讲话，话讲得太多，可能大部分都是废话，不如少讲几句避免过失。讲话注重的是实实在在，不要"佞巧"，"佞巧"就是花言巧语。一句话的意思很多的装饰，甚至是掩饰，甚至会欺瞒，这是待人没有真诚心。用虚伪的语言来掩饰自己，这是自欺欺人。古人常说"口是祸福之门"，所以人在世间，说话要非常注意。往往讲的人无心，听的人有意。可能我们讲了一句话，自己不觉得什么，但是却刺痛了对方的心，引起了他的怨恨，如果他怀恨在心，将来他报复的时候，我们都不知道为了什么事而遭殃，因此为人处事要少言，要慎行。我们讲话首先要想到，我们讲这一句自己能不能做到，能不能对这句话负责。如果我们说的话能做到，能够负责任，这才能说。如果话说了之后不能负责任，信用也就慢慢地减少了。

古人对于"诚"字，用的功夫非常踏实。宋朝，有一个大臣名叫赵阅道。他是一个非常正直的人，每天晚上下了朝回到家里，都会在庭院当中敬上一炷香，把自己一天的所作所为，向天禀告。如果有一件事情，向天报告的时候不好意思，就知道这件事情是违背天理，是违背良心的，以后他就不再做。所以说出口的话，不仅对自己要负责任，也要对得起天，绝不能自欺欺人。这位赵阅道就用这种功夫，修养自己正直的品行。

赵阅道在朝为官的时候非常清廉，当时有一个地方闹瘟疫，很多人都死于这种传染病，老百姓也都因此而无家可归。赵阅道就造了一百艘船，并且发文书给各地的州府，说如果谁家里死了人，造成一家老小无家可回的，都可以到赵阅道所管辖的地方来避灾。

赵阅道在朝为官不畏权贵，还时常对一些贪赃枉法的人进行弹劾，因此当地百姓称赵阅道为"铁面御史"。赵阅道做了大官，这是他善有善报。要知道正直的人，都有天的护佑。所做、所言都能够不自欺，不欺骗天，完全把佞巧的心理清除干净。赵阅道最后也得到善终，他走的时候言语、头脑都很清醒。这是真正"做善，天降之百祥"。由此我们得知存养的功夫，都是从不自欺、不欺人做起。

奸巧语　秽污词　市井气　切戒之

这是讲，说话要戒掉一些不良的语言。"奸巧语"就是虚伪狡诈、花言巧语、骗人的话。"秽污词"就是肮脏的话，粗言秽语，骂人、猥琐的话。"市井气"是粗鲁、俗气的习气。我们都要把它戒除，因为君子要文质彬彬。"文"是表面、是外形。我们的语言、神态、动作都要与我们的内心相应，内心应该是充满了仁爱的。我们对于圣贤人充满了憧憬向往。因而语言、行为都要效仿圣贤人。凡是圣贤人不说、不做的事情，我们绝对也不说、不做，久而久之，圣贤的风范，就慢慢能够表露出来了。

见未真　勿轻言　知未的　勿轻传

这句是讲，我们讲话要谨慎。如果所见到的事并不是很可靠，就不可以随便乱说，即使这件事情你知道，但是知道的并不确定，不敢肯定，就不能乱传，这是告诫我们不能讲他人的是非。因为是非很容易伤人，很容易与人结怨，而且我们讲了他人的是非，也把自己的德行败坏了。所以，聪明的人碰到是是非非的事情，所谓流言蜚语，绝对不会去跟着传，因为"谣言止于智者"，智者的心在道上，对于那些风吹草动，那些流言蜚语，统统都能置之不理。

事非宜　勿轻诺　苟轻诺　进退错

这句是讲，对一件事情，要先看看这件事情应不应该做，决定了之后才能够承诺。如果事情我们还不能确定，不能保证能做好，就不可以随意地承诺。如果那件事情不适当，甚至是非法的、不符合道义的，就更不可以承诺，因为往往承诺了以后你就会进退两难。如果答应了却不做，就不能够信守诺言。但是如果做了不恰当的事，就违反道义，会很麻烦的。所以"凡出言"都要先懂得这一句话说了以后会引起什么样的后果。古人讲，"一言可以兴邦，一言也可以丧邦"。如果话讲得不谨慎，而又事关重大，它的影响力可能会很大，会带来不堪设想的后果，尤其是身在高位的领导。

我们也常常看到，那些身居高位的领导，讲话都非常谨慎。他们出去发言都必定带着讲稿，就怕有时候脱离讲稿就讲错了。讲错一句话可能会影响到很多方面。我们做事情也要常常想到，自己在这一件事情里处于什么样的角色。如果我们是这件事情的主导人，是主持这份工作的人，我们应该怎样讲话；假如不是这件事情的主导人，也不是负责人，说话更要注意分寸，不要因为你讲的一句话，而让这件事情受到阻碍。古人讲，"不在其位，不谋其政"。不是我们分内的事情，我们要少管，管的事情多、话讲得多往往会出乱子，会引起很多不良的后果。少说一句话，错误就会减少一点。古人讲"多言者少信"。讲话讲得多的人，信用就少,因为他说的话、他的承诺常常都不能兑现,渐渐地他的信用就少了。

凡道字　重且舒　勿急疾　勿模糊

这是讲,我们讲话吐字要有力而清楚。说话不可以太急,要缓缓道来,讲得很舒畅、很放松,每个字都吐得清清楚楚,让听的人听得很清楚很舒服。我们对孩子,从小要帮助他养成说话吐字清楚的习惯。我们自己也要学说话,也要懂得话要慢慢说。特别是在大庭广众之下,比如上课、演讲等等,不可以讲得太快,更不能吐字不清,这样都会让听众听不清楚。说话的语气能帮助我们提起正气。如果讲话声音太小,让人听起来会觉得很累,一方面可能是心里正气不足,另一方面也可能是身体有疾病,如果是这样就要好好地去治疗。讲话有刚柔相济之气,自然体现出内心的浩然正气,体现出大度。

彼说长　此说短　不关己　莫闲管

这里讲的“长、短”就是是非。说张家长、李家短,讲人的是非这些事,我们最好的态度就是不要管。多管闲事不仅自己的心里会杂乱,徒生很多的妄念,而且往往会引来不愉快,会与人结怨。古人讲,“利刀割体痕易合,恶语伤人恨难消”。讲人的是非,特别是讲人的隐私,这个伤害,比利刀伤人更严重,引起的怨恨也更大。

我们不讲他人的是非，如果别人讲我们的是非，甚至是恶意的诽谤，我们应该采取什么态度？明朝的杨椒山先生，在他的遗嘱上曾经对自己的后人说，"人言，某人恼你谤你。则云，他与我平日相好，岂有恼谤之理"。是说，别人要是来害你，来诽谤你，说你的是非，你应该怎么做呢？你应该跟他说："他与我平日很好啊，哪里可能要恼恨我、诽谤我？这是不可能的。"这是对是非完全不放在心上，对别人的诽谤根本不在意。古德云，"莫说他人短与长，说来说去自遭殃，若能闭口深藏舌，便是修行第一方"。不论他人长短是非，就是修养自己的厚德。

见人善　即思齐　纵去远　以渐跻

这是讲，见到人家有优点，我们要马上见贤思齐，向人家学习，即使我们与他差距很远，也要努力地去追赶，希望有朝一日能跟他相齐，这是一种好学的精神。孔老夫子的学生颜回，是一个非常好学的人。孔老夫子有弟子三千，但是他最赞叹的是颜回，就因为颜回好学。孔老夫子赞叹他"得一善，则拳拳服膺，而弗失之矣"。"拳拳服膺"就是心里面总记挂着。是说颜回看到别人有一个优点、有一个善行，他的心里就总是记挂着，要把别人的优点学到自己身上，不放弃对善的追求。

《三字经》云："人之初，性本善，性相近，习相远。"我们每个人本性都是善的。见到别人的善行，知道这是他的本性显露出来了。我的本性为什么没有显露出来呢?"性相近,习相远",这是我的习气,不良习气把我的本善给掩盖了。我现在要去除那些习气,恢复我的本善。要知道不仅本善能恢复,就是想做圣贤人,我们也能做到的。孟子云:"人皆可以为尧舜。"尧帝、舜帝是圣贤人,他们恢复本性本善了。当我们恢复本性本善之后,也就跟他们一样了。所以"以渐跻",我们努力地去追赶,不放松、不退步,自自然然有一日可以成就。

见人恶　即内省　有则改　无加警

　　这是讲,见到人有缺点、有恶行,我们是不是去批评他、指责他,甚至攻击他、批斗他?不可以。我们的第一个念头,不是在对这个恶人进行批判,而应该反省自己有没有这种恶,如果有,赶紧改过来。如果没有呢?我也要加强警惕,以后不可以像他那样犯恶。孔老夫子云,"三人行必有我师焉,择其善者而从之,其不善者而改之"。三个人一起走,不是随随便便三个人,讲的是一个善人,一个恶人,还有一个自己,三个人走在一起,必有我的老师。其他那两个人都是我的老师。善人是我的老师,我应该"择其善者而从之",学习他的善。恶人也是我的老师,他让我警觉,让我反省、改过,"其不善者而改之",改谁的恶?改自己的恶。所以,见善我们思齐,如果见善不思齐,这是自暴自弃;见到别人的恶,不能内省,那是自欺。因此我们要时时刻刻都懂得反躬内省。世间的人,都是来成就我的道德学问,善人、恶人都是我的老师,都是来帮助我成就的。即使那个恶人对我很恶,是要来陷害我、诽谤我、侮辱我的,我还是要对他恭敬、感恩,感恩他成就我的忍耐,成就我的大德。像舜王一样,父母对他那样恶劣,舜绝没有对父母起一念怨恨,而是常常内省,惭愧自己没有做好,让父母生气。为此舜成就了天下第一大孝,成为大贤。

唯德学 唯才艺 不如人 当自砺

这个"德"是"道德","学"是"学问","才"是"才华","艺"是"技艺"。我们在道德、学问、才华、技艺上不如人时,自己要认真努力去追赶。古德讲,人有五德、八德。五德是"温、良、恭、俭、让",也就是温和、善良、恭敬、俭朴、礼让,这是孔老夫子的弟子总结出的孔老夫子的五种德行。八德是"孝、悌、忠、信、礼、义、廉、耻"。孔老夫子讲,"德之不修,学之不讲。闻义不能徙,不善不能改,是吾忧也"。孔老夫子忧虑的不是物质上的享受,他所忧虑的是德学,所谓德学才艺。他说,我的道德如果不能够提升,如果不能够把圣贤的学问向大家宣讲,知道真理而不能够向前,自己有不善的行为不能改正,这才是我的忧虑。这是好学之人的态度。

《中庸》云,"好学近乎智,力行近乎仁,知耻近乎勇"。一个人真能好学,对德、学、才、艺能够努力踏实地去学习,这是近乎智慧。学到之后关键是要力行,如何把我们的温、良、恭、俭、让做出来?将孝、悌、忠、信、礼、义、廉、耻,落实到我们生活当中,对父母行孝,对祖国尽忠,这是力行。因此真正的仁,要有力行。只会说不会做,充其量是搞儒学,没有学儒,这不是仁。我们有过失要改,有过失就是耻辱。知道自己有过失了,这是知耻。知耻的人,定会勇猛改过,也必定一步一步向着圣贤迈进。

若衣服　若饮食　不如人　勿生戚

这句话的意思与前一句相关联。我们应当忧虑的是我们的德学、才艺不如人,而自己的衣服、饮食,这些物质享受方面不如人,心里不要难过。"戚",是悲戚,心里难过。

为什么我们不应看重物质上的享受?因为物质的享受,常常会引起人的贪欲。而贪欲,是障道的一个很严重的烦恼。我们的本性本善不能够开显,往往是因为贪欲。因此,物质上的享受够用就好,绝对不能去追求时髦、追求享受。人心里有道,他常常想的是如何提升自己的道德学问,自然而然对于物质的欲望就会降低了。

以前,我有幸跟随师长到新加坡做公开演讲。在新加坡拜访了中国驻新加坡的大使。张大使得知我是从大陆出去留学的孩子,就问起我的情况。知道我在学术上面小有成就,而且还被聘为昆士兰大学的终身教授,又得知我因为跟师长学习传统圣贤教育,把终身教授这个职务给辞掉了,张大使很关心我,她问我:"你把工作辞掉了,生活上怎么解决呢?"我笑着回答说:"君子谋道不谋食,忧道不忧贫。"意思是我们向往圣贤,所忧虑的是心里没有道，而不会忧虑贫穷。所谋、所虑都是要提升自己的道德学问，而并不对贫穷，甚至衣服饮食不如人，而生难过之心。张大使又继续问我："那你总得吃饭吧？"我回答说，我没有担心这个。古人讲"天不生无福禄之人"。如果我在世上没有福禄，就应该饿死，天也就不生我了，我也不可能在这世上。换句话说只要在这世上，总是有一点福禄，就不会饿死。况且我们真正全心全意要为振兴中华传统文化而做牺牲奉献，就像古人讲的"人有善愿，天必佑之"，上天也会欢喜，也会支持，会保佑世上的善心人士。我们的生活降到低水平，在物质生活上就没有压力。实际上我们如果省吃俭用，需要的不多，一点点就足够了。如果追求物质享受，特别是要攀比，看见人家穿的好衣服，自己也要去赶时髦。看见别人开名车、买大别墅，自己又坐不住了，又要去追求。这样的生活很累。烦恼痛苦都是自己找的。所以有志于道、有志于圣贤学问的人，就不会为物质的享受而忧虑。

孔子在《论语》中讲，"士志于道，而耻恶衣恶食者，未足与议也"。"士"是读书人。读书人立志圣贤之道，立志做圣贤人，还会以衣食的不好为耻，这种心态就不正了。孔子说，这样的人就不要再跟他谈了，不是同道中人，有什么好谈的。一个真正有志于道的人，他的快乐绝不是从物质享受上得到的，而是来自读圣贤书。"学而时习之"，真正把圣贤的道理用在自己的生活中，真正体会到学习的乐趣，那种真道才是"不亦乐乎"。他有法乐，这种法乐，这种喜悦就像泉水，汩汩地从内心中涌出来，它不是外来的。况且追求身外之物的满足，不可能有真正的快乐。

《菜根谭》是古代一位隐士洪应明所作，它所讲的人生哲理非常的深刻。文中讲，"人知名位为乐，不知无名、无位之乐为最真"。大多数人都认为，得到功名富贵，是快乐的事情，因此拼命追求功名富贵，但是却不知道，不要功名富贵，没有名位，那个快乐才是真的。因为他心里没有牵挂，没有忧虑，没有烦恼，没有压力。这种喜乐绝对不是一个拥有功名富贵的人那种乐可以比拟的。追求功名富贵的人，就像是追求外在的刺激的感受，满足了他的欲望他就乐。可是这种乐是短暂的，就如同人抽鸦片，抽的时候很乐，鸦片瘾犯的时候就苦了。人得到功名富贵的时候乐，当功名富贵失去了的时候就苦了。所以，有智慧的人，为了求道什么都可以舍弃。

《菜根谭》中又说，"知饥寒为忧，不知不饥不寒之忧，为更甚"。人都知道，没有衣食饥寒的痛苦，但是却不了解，不饥不寒的人在安乐的生活当中，往往会堕落，也有可能会玩物丧志。孟子云，"生于忧患，死于安乐"。这个忧患和安乐都是对物质生活享受方面来说的。在所谓安乐的生活里面已经麻木的人，不知道进取，被一个君子看到了，反而觉得非常地忧虑。君子所忧虑的是自己道业不能增长，而不是饥寒。能够让道业提升，宁愿去忍受饥寒。一个有志于道的人，对世间的荣辱、得失、贵贱、贫富、是非、利害这些境界，不再分别。他的心住在圣贤的教诲中，他的境界是一般凡人不能够理解的。他所住的是乐土，因为清净的心，就生在清净的乐土里。

闻过怒　闻誉乐　损友来　益友却

这是讲，人家说我的过失，我就生气了，甚至要跟对方辩论，气急败坏，忍受不了别人的批评；而当听到别人赞誉的时候，心里就沾沾自喜，骄傲自大起来。这种人的结果就是"损友来，益友却"。"损友"，就是损害他的朋友，都来了，让他堕落。真正有益于他，帮助他提升道德学问的朋友，却都渐渐在远离他，不愿与他为伍了。因为他不能接受朋友的劝谏，自己常怀着傲气，骄傲自满，看不起别人。这样的人谁还愿意劝谏他呢，一定是避而远之。要知道我们求学的路上，特别是在学习圣贤教育的路上，老师和善友都是最重要的。老师带领我们进门，指导我们学习。而真正能够提升，必须要有志同道合的善友，在一起互相切磋、琢磨，互相批评、指正。

如果我们希望得到善友的帮助，那么引诱我们堕落的那些朋友，就要绝对地避免接触。我们修善因，有因必有果。因在哪里？因还在自己。有善友来，不是说我运气特别好，所以就有善友。当然这也是要有个缘分，而缘分能不能成熟，关键是看有没有违犯"闻过怒，闻誉乐"。如果是"闻过怒，闻誉乐"的人，绝对不可能有善友。

古人云"闻过则喜"，听到别人讲我的过失，我就非常欢喜，这种人必定有很多善友。因为自己的过失，往往自己看不到，看人家的过失很容易，回头看自己的却很难。古诗讲，"不识庐山真面目,只缘身在此山中"。自己往往看不到自己的真面目,因为不能跳出我执的圈子,这就需要有善友来提携。我们每个人的一生中,除了父母和老师以外,能有几个可以真心批评、指正我们的人呢?真心批评、指正我们的人,真的是我们的善友、大善知识,我们不但要感恩,还要欢喜接受。因为我知道了自己的错误就可以改过,那么我的进步就快了。如果没有他的批评、指正,我就看不到自己的问题,所以我感恩都来不及,怎么可以闻过之后发怒呢?况且发怒对人的身体健康有大不利。现在的人脾气都很大,动不动就来气了。要知道生气的人,伤害的是自己。

美国生理学家艾尔玛研究,人在发怒的时候出现的生理状况。他用一根盛着零度冰水混合物的试管,让发怒的人向管子里吹气,结果就发现水中竟然出现了紫色的沉淀物,这很可怕!要知道,我们身体里百分之七十的成分是水。假如我们常常生气,产生出这种紫色沉淀物,各种病都会出现。现在人得肿瘤、尿毒症、肝硬化,这些病症,很可能都是与他的坏脾气有关。因为肾是排毒的,肝是解毒的,如果常常发脾气,毒素就积淀在血液里,使得肾排毒排不及,肝解毒也解不及,这时就会产生病变。生气的人都短命,我们知道《三国演义》里诸葛亮气死周瑜的故事,如果周瑜脾气没有那么大,绝对不会被气死。

这位美国的生理学家,又把一个发了脾气的人吹过气的水,注射到小白鼠的身上,过了没多久小白鼠就死掉了。这足以证明这个水里面含的毒素有多大。发一顿脾气,那个毒素可以把一个小生命给害死。

有一位妇女，她的小孩正在哺乳期，因为跟她的先生吵了一架，很生气，结果孩子喝了她的奶，没多久就死掉了。这是因为她一发脾气，身上就产生了毒素，致使奶里面也有了毒素，就把这个孩子给毒死了。发脾气对身体有太大的损伤，所以不可以发脾气，即使是别人批评我们，批评错了也不能发脾气。他批评我批评错了，是他自己错，为什么要以他的错来惩罚自己，跟自己过不去呢？如果他说对了，那就应该感恩，更没有发脾气的理由。当遇到别人赞誉的时候，要想想别人对我们的赞誉是不是真的，对自己会不会过誉了。如果自己没有这样的德行学问，而是别人称赞得过火了，那要生恐惧心，因为自己的德行不够，承担不起别人这样的赞誉。即使是真有这样的德行，也要懂得谦卑。对待别人的赞誉要有一种受宠若惊的感觉，绝不可以沾沾自喜。沾沾自喜的人谦虚的心就没有了，就已经承担不起这样的美誉了。他的结果必定是"损友来，益友却"。

何谓损友？何谓益友？孔子在《论语》中给损友和益友都下了个定义。孔子曰："益者三友，损者三友。友直、友谅、友多闻，益矣。友便辟、友善柔、友便佞，损矣。"这里讲益友的定义是友直、友谅、友多闻。何谓友直？正直的人，正人君子。他与你做朋友，一定可以帮助提升你的道德学问。友谅，是诚实、宽容。友多闻，是博学多闻，很有学问。具有这三种品格的朋友是益友。

损友的定义。便辟，是善于奉承巴结的人。善柔，是很会献媚，很会讨好，用一些花言巧语把你说得心花怒放的人。便佞，是讲善于说话，很善辩，很有口才，而且这些口才都是歪才，可以把是说成非，把恶讲成善，一切他都能颠倒着说。这些人是损友。这些人与你在一起，就会把你拖下水，使你不知不觉就同他一样，也成了小人了。所以我们想避免这种结果，必定要在因上注意，常常有种戒慎恐惧的心理，有种受宠若惊的心态，如此，良师益友才能跟我们在一起。

闻誉恐　闻过欣　直谅士　渐相亲

这是讲，当我们听到别人的赞誉反而恐惧，听到别人讲我们的过失我们就很欢喜如此，自然就和正直、诚实、讲信用的益友走在一起了。这对我们的道业、学业、事业，都会有莫大的帮助。

孔子的学生子路说，听到别人说自己的过失就欢喜，这样的人是君子。真正的大德，必定有大的涵养和度量。而涵养、度量就可以从"闻誉恐，闻过欣"上来看。如果听到别人讲他的错，马上就坐不住，要与人反驳，这个人的度量、涵养一定不够。

唐太宗李世民，他就善于接纳大臣魏征的直谏。魏征给他的劝谏很不客气，但是唐太宗都能接受，也因此他成为历史上一代名君。唐朝之所以成为盛世，正因为皇帝有大度的德行。做一个领导人，要能真正有所作为，有所成就，要有一个很好的修养，善于听取别人的意见、劝谏。对自己的不足绝对不隐瞒，欢喜改过，他一定事业有成。

历史上的苏东坡，他在年轻的时候，已经有相当的名气了，但早期也犯了"闻过怒，闻誉乐"的毛病。与他一起学佛的一位佛印禅师, 比他的修行好, 但是苏东坡的文采很好。有一次苏东坡做了一首诗, 诗是这样写的, "稽首天中天, 毫光照大千, 八风吹不动, 端坐紫金莲。"这首诗表面上是形容佛像的庄严, "稽首天中天"就是向佛顶礼, "天中天"是佛。"毫光照大千", 佛的毫光遍照大千世界。"八风吹不动, 端坐紫金莲", 八方风都吹他不动, 端坐在紫金莲上。这八风是利、衰、毁、誉、称、讥、苦、乐, 总共讲了四对。一个是正面, 一个是负面。利衰一对, 毁誉一对, 称讥一对, 苦乐一对。也就是说人在顺境、逆境里都不动心, 形容八风都吹不动。诗写好之后, 苏东坡托人将诗带给佛印禅师。禅师看了之后一句话也没说, 写了一个字"屁", 然后叫人再送给苏东坡。本来苏东坡满心欢喜, 希望佛印禅师对他的诗有个印证, 看看自己的功夫是不是到家了。他有点吹捧自己, 以为自己也已经达到了八风吹不动的境界。

结果苏东坡接到佛印禅师的批字, 看到一个"屁"字, 一肚子火就起来了, 赶紧过江来找佛印禅师。当船快靠岸的时候, 看到佛印禅师已经在岸边等候自己了。下了船之后, 苏东坡面红耳赤, 要跟禅师论理。禅师在那里就哈哈大笑, 说了一句"八风吹不动, 一屁打过江"。苏东坡一听很惭愧, 自己确实功夫差远了, 人家的一点毁谤、讥笑, 就动了心了, 怎么能说八风吹不动? 原来佛印禅师是在考他的功夫。苏东坡这个人也了不起, 他闻过则改, 回去好好反省。

过了一些日子, 他又来找禅师, 这一次表现得很谦虚的样子。说前些日子弟子有一些洋洋自得了, 后来虚心检讨了, 通过一段日子的修行，现在可能真的可以做到八风吹不动了。佛印禅师听他这么一说就已经明白了，这个人还是傲气没放下，还说自己八风吹不动。于是禅师就给他的小徒弟递了个眼色，小徒弟很聪明，马上满脸赔笑来到苏东坡面前，给他倒茶说，东坡大居士，我们师父经常在我们面前夸奖你，说你真不愧是大学士，佛理再深对你都不难，你能真的一闻千悟。今天又看到你这么气虚意下，谦光动人，果然是不同凡响，让我们大开眼界了。

苏东坡听了这句赞美，马上又洋洋自得起来了，喜形于色说"是啊，是啊"。这个时候，禅师在旁边把脸一沉说："东坡居士，我们这个小沙弥、小徒弟，给你几句赞美的话，就把你捧上天了，证明你还不能够八风吹不动。"此时的苏东坡知道自己又失态了。所以，真正做到八风吹不动，对待顺境、逆境，好、坏，都不动心非常不容易。只有心住在道上的人，对顺境、逆境，不分别，不执著，才能做到。只有把名利的念头放下，才能在顺境、逆境前面都不动心。

无心非　名为错　有心非　名为恶

这是讲，人如果犯的是无心的过失，称之为错误；如果是存心犯的过失，称之为过恶。正如我们过去没有学习过圣贤教育，不懂得孝、悌、忠、信、礼、义、廉、耻，不知道怎么做人。没学过《弟子规》做了很多错事，心里想到过去那种行径，很后悔。现在学习了《弟子规》，要做一个好人，做一个有德的君子，甚至发愿要做一个圣贤，不能再错了。有过失就一定要改过来。"人非圣贤，孰能无过"，没有一个人天生就完全没有过失。既然不能做到生下来就没有过失，一定有错误的地方，但是能够把错误改过来，就是"善莫大焉"。圣贤之所以能成圣贤，就是因为他天天改过。假如我们学习了圣贤学问以后，还是我行我素，明知自己做错了也不肯改过，这就是"有心非"了。故意不改，就是"名为恶"，我们就是行恶。知过不肯改，知善不肯为，就是恶人。这一条为我们敲响了警钟：过去做了错事有借口，没学过；现在就没有借口了，不能不改了。

过能改 归于无 倘掩饰 增一辜

这是讲，有过失不怕，怕的是不肯改。能够把过失改正过来，就归于无了。如果不肯改，甚至还要处处替自己开脱、掩饰，这是过上加过，罪加一等。"辜"，就是过错。所以有过失没关系，能承认、能改过就是好人。《菜根谭》有一句话，"弥天罪过，都当不得一个悔字"。人造再大的过失，天大的过失，只要能够悔过，能够忏悔，他就有救。只要这一口气没断，能够痛改前非，还是个善人。再大的过失，也能够归于无了。因为当善心生起的时候，过去的过恶，都烟消云散了。如果我们不肯改，哪怕是小小的过失，我们不肯改，还不能称为善人。还要为自己掩饰，这就是自暴自弃。不肯做君子，不肯做圣人，不愿意恢复自己本性的本善，就是自甘堕落。对于改过，要痛下决心。

明朝袁了凡先生，是一位进士。他曾经写过一篇家训，传给他的后代。了凡先生在年轻的时候，遇到一位算命高手——孔先生。孔先生把了凡先生的一生都算定了。几岁考第几名，哪一年考上秀才，做一个小官，拿多少俸禄，命中无子，53岁寿终正寝。一生没有功名，就是没有举人和进士的命，只能当个秀才，等于我们现在的学士学位。古人的三个学位，秀才、举人、进士。秀才相当于学士，举人相当于硕士，进士相当于博士。以后他的命运完全是按照孔先生算定的来走，直到有一天，他遇到了一位云谷禅师。

了凡先生考上了秀才以后，到南京国子监去进修。国子监是国家办的大学。在南京，他拜访了栖霞山云谷禅师，和禅师打坐，对坐了三天三夜。禅师就问他说："你这功夫很了不起，凡人之所以不能够成圣，就是因为有妄念。现在看你三天三夜不起一个妄念，你用的是什么功夫呢？"了凡先生也很老实，就对云谷禅师说："我实际上没什么功夫，就是我的命给算定了，反正一切都是命，也没什么好想的了。"云谷禅师是开了悟的大德，听到了凡先生这么一说，哈哈大笑说："我原来以为你是个英雄，结果你还是一个凡夫。"了凡先生一听，忙问："此话怎讲？"云谷禅师就说了："你的命运给孔先生算定了，你这几十年也都没有改一改。既然都被阴阳所束缚了，你不就是凡夫吗？"

了凡先生一听，就问禅师："难道命运能改吗？""当然可以改。命自我立，福自己求。命运掌控在自己手中，不是宿命论。自己的福分要靠自己去求。"了凡先生一听就又问："如何改？"禅师就告诉他："改过迁善，就能改造命运。难道《易经》上说，

'积善之家必有余庆,积不善之家必有余殃';《书经》上讲,'作善降之百祥,作不善降之百殃'你没读过吗?"了凡先生都读过,经禅师一点,他明白了。然后云谷禅师继续启发他:"你想想,你命里面为什么没有科第?你自己反省一下,这是果,因在哪里?"了凡先生思考了很久,点头说:"我真不该有科第。""为什么?"云谷禅师问。他说:"因为我不能够积功累行,以积厚福,兼不耐烦剧,不能容人。时或以才智盖人,直心直行,轻言妄谈。凡此皆薄福之相也。岂宜科第哉?"

了凡先生反省自己的过失,凡事都有原因。君子行有不得,反求诸己。为什么我考不上功名?因为我不能够积功累行,不能够积德。积德就是积福;德薄,就是福薄。再加上不耐烦,很急躁,包容心、涵养没有,别人有过失我总是严厉地批评,很是看不顺眼。很多人,很多事看不顺眼,就要去指责、批评。而且又常常以自己的才华、能力压人、盖人,这是轻薄的表现。有德的人,懂得韬光养晦。即使是有才华,有能力,也要含蓄三分,不能够露尽。怎么可以用自己的才华、能力去压人、盖人?自己直心直行,轻言妄谈。此地这个直不是正直,是心里想到什么就说什么,不能够三思而后行,很轻率,很爱发表意见,凡此种种都是薄福之相。所以怎么可能考上功名?

禅师又启发他:"你想想,为什么你命中不该有子呢?"了凡先生又反省了六条说:"余好洁,宜无子者一。和气能育万物,余善怒,宜无子者二。"他说,我很爱干净,爱清洁,有洁癖。要知道,水太清了就没有鱼,所以人太好清洁就很难生养。这里的洁是一点脏的东西都忍受不了；一点他人的过失、毛病，看到就不顺眼。没有大度包容的心量，怎么能够生养万物呢？更何况，和气能育万物。和气像春风，和风得以孕育万物。我很爱发脾气，和气少了，当然就难以生育。

了凡先生又讲："爱为生生之本，忍为不育之根。余矜惜名节，常不能舍己救人，宜无子者三。"这是说，读书人都明理，都知道仁爱之心是生育万物的根本。爱心是根本，残忍是不育之根，因此残忍的人没有后代。我为了自己的名节，看见别人有难往往不肯去帮助。一般人看到别人有难，有一种不忍之心，会伸手帮助，但是了凡先生碍于面子，不肯去帮助他人。这是没有儿女的第三个原因。

了凡先生继续讲："多言耗气，宜无子者四。"他爱讲话，耗气。把自己的身体元气耗散出去了。"喜饮铄精，宜无子者五。"自己爱喝酒。酒喝多了，会损伤精神，精力就被损掉了。"好彻夜长坐，而不知葆元毓神。宜无子者六。其余过恶尚多不能悉数。"了凡先生晚上很晚都不睡觉，爱彻夜长坐。要知道睡眠帮助人恢复精神是最好的。

人，经历一天就像经历四季一样，春生、夏长、秋收、冬藏。晚上就是一天的冬天，要藏。如何藏呢？睡眠就是藏。晚上如果没藏好，第二天早上就没精神。冬天不藏，春天就不生了。这都是自然之道。所以晚上早睡，第二天早起，这是补养身体的一个最好的方式，这是天补。太阳起你就起。太阳落，你也该休息了。跟着太阳行动，这是与天同步。保养精神，精气神才能足。

了凡先生反省，原来没有儿女过失在自己，不能怨天尤人，不能埋怨命运不公平。其他有很多过恶，不能一一道出来。在这里了凡先生为我们做出一个榜样，勇于承认过失。所以他拜别了禅师回去之后，认真地改过自新，力行善事，来改造命运。刚开始改起来也不容易，但是咬紧牙关。"过能改"就是"归于无"，不再纵容自己，不再苟且因循。他后来说："从此而后，终日兢兢便觉与前不同。前日只是悠悠放任，到此自有战兢惕厉景象。在暗室屋漏中，常恐得罪天地鬼神。遇人憎我毁我，自能恬然容受。"这是讲他改过以后的心得。一个真正认真改过的人，自然有一种兢兢业业的景象，与以前不同。以前是放任自流，现在常怀战战兢兢，戒慎恐惧的心态。哪怕是一个人在暗室屋漏里面，也有如天地鬼神在旁边监察而不敢放肆。遇到有人诽谤、憎恨，他也能够包容，也能够忍受。福就开始增加了。

这期间，了凡先生给自己做了一个功过格，做了善事写上去，做了恶事、犯的过失也写上去。他发了3次愿，第一次做3000件善事，10年完成。第二次发愿做3000善事，3年完成。最后发愿做10000善事，结果后来一念就完成了。为什么？他的命运改过来了。原来没有功名，后来考上了举人，考上了进士。中了进士以后，朝廷命他做宝坻知县，做个大县的县官，结果为那个县减粮，晚上睡梦神人来告诉他说，你这减粮（就是我们现在说的减农业税）这件事，利于万民，所以就这一件事就已经足以抵得过万善了。更何况，了凡先生用后半生努力改过迁善，最后，念念都是善，念念都为人，念念都充满了仁爱之心。

经过16000条圆满的善事，了凡先生的命运改得很好。原本命中没有功名，后来有了功名。命中无子，他太太生了两个儿子。命中应该活到53岁，他活到73岁，多活了20年。古人学道，进德修业，勤勤恳恳，脚踏实地，终身奉行，最终成为大德、君子，成为大丈夫，成为豪杰。在本性上我们与他是一样的本性本善，只是现在有很多不良的习性，要把这些习性改过来。了凡先生能改，我们为什么不能改？了凡先生通过改过自新，断恶修善，成了名垂青史的贤人。他现在第十几代的子孙依旧家门隆盛，后福无穷。我们要立即起而效法，不要轻薄了自己。

了凡先生在家训里提醒我们："务要日日知非，日日改过。一日不知非，即一日安于自是。"天天改过，首先要知过。如何知过呢？通过读圣贤书。读了圣贤书以后，对照自己的心行，才了解自己确实有过失。假如没有发现过失，无过可改，那是"安于自是"。这就是自以为是，自甘堕落。人不是圣贤人，这天下只有两种人没过失，一种是圣贤人，他的过失统统改了，彻底回归本性、本善。另外一种人自己觉得没过失，其实满身的过失，这种没救的人，自以为是，最后必然堕落。

我们学习《弟子规》，就要用《弟子规》来天天检点自己，改过自新，不能浪费自己的生命，纵容自己的过失，否则到临终的时候，留下的就是悔恨。了凡先生说："天下聪明俊秀不少，所以德不加修，业不加广者，只为因循二字耽搁一生。"了凡先生说得很中肯，这个世间确实很多人很聪明、很伶俐，知识也很不错，为什么他这一生没有建树，没有成就呢？就是因为他"德不加修，业不加广",不肯努力改过自新,进德修业。马马虎虎,平平常常度过这一生。最后因循苟且,耽搁了这一辈子。本来是可以成就圣贤君子的,但没有成就;本来可以得到幸福美满的人生、成功的事业,没有得到。这都是因为"因循"二字耽搁了这一生。

我们有幸遇到了传统文化,虽然年纪也不小了,但是能遇到,这就是大幸,要赶紧亡羊补牢,努力改过自新,也不算晚。人如果有过不改,甚至好面子常常掩饰自己的过失,这种人其实是最被人看不起的。

清末民初,袁世凯篡位,当了83天的皇帝。对于袁世凯篡位,举国上下都骂他。只有当时的文坛泰斗章太炎不骂他。章太炎说,他不值得我骂。这个话被袁世凯听到了,就把章太炎给关了一个月,罪名是他不骂袁世凯。做人竟然不值得人骂了,真的是大耻辱。因此有过千万不能掩饰,越掩饰,自己过失反而越多,留下的耻辱也就越多。

古圣先贤,不仅是有过失勇于承认,甚至别人的过失,他都心生惭愧,归过于己。商朝的圣王商汤曾经讲过:"万方有罪,罪在朕躬。"万方,是指天下的老百姓。百姓如果有过失、有罪,罪在朕的身上。朕,是汤王自称。为什么?老百姓有过失,是因为我这个当天子的没有好好教他们,导致他们不辨是非善恶,才有这样的过失。谁的过失呢?我自己的过失,归过于己。真正好的领导人,他有这样的品德,下属犯了过失,他绝对不会去苛刻地责备下级,反而会说,这个事情做不好,我有责任。是不是真有责任呢?是真有责任。最起码是我用人不当,我不知道他的能力,做这个事情可能会做不好，或者是我没有教好他，我不能够把他教得很有能力，或者我的德行不能够感化他，让他能够负责任，身为领导要承担这个过失。这样好的领导，必定得到下级的爱戴、拥护。

我们师长讲了他的老师李炳南老教授的一个故事。有一次学生犯了过失很惭愧，拿着教鞭来到老师面前，跪在老师跟前，请老师惩罚他。李炳南老教授看到学生这样子，知道学生是真诚来忏悔的，就拿起了教鞭，往自己身上打。然后对学生说："这个事情我没教好你，是我的过错，我要先惩罚自己。"此情此景令在场的学生都流下了感动的泪。这是真正做老师的圣德。这样的尊师当学生的哪能不尊敬？哪里还敢再犯过失，辜负老师的教诲呢？

"倘掩饰，增一辜"。所以，我们有错不仅不掩饰，还要尽量地把过失摊出来，不要怕别人看到我们的过失，这样才真正进步的快。如果别人讲我的过失，讲错了怎么办？讲错了也没关系，也乐于接受。因为他讲我，甚至我承受了他的批评，或者是把过归己，表面看是吃亏了，要知道吃亏是福，别人的批评甚至是讥嫌、诽谤，都是帮我们快速进德修业的方法，这样一想心就平了。

第四章"信"，教我们如何做一个诚信的人。做一个诚实守信的人，都要在小事上去认真落实。

第五篇　泛爱众

　　第五篇"泛爱众"。这一篇是讲广泛的来爱护所有的人。前面的四章孝、弟、谨、信，是让我们修养自己的德行。"泛爱众"是让我们要对一切人要有仁爱。一个是对己，一个是对人。

凡是人　皆须爱　天同覆　地同载

　　第一句是总说。凡是人我们都要对他有仁爱之心。"泛"，是广泛，这个爱是无私没有条件的爱，只要他是人，我就爱，这是博爱。因为"天同覆，地同载"，这种爱心是一体的观念。

　　宇宙万物是一体，这是道。老子说，这个道生养万物，天地之始是万物之根，这个道就表现在爱。整个宇宙是一体，所以爱整个宇宙就是爱自己。宇宙里的一切众生，所有的人、所有的物，无论是有生命还是没生命，动物、植物、山河大地、土石、矿产、自然环境我们都要爱，爱心没有边际。

　　这种爱的原点在哪里？五伦关系讲，"父子有亲"。这个父子有亲就是爱的原点。因为父母和子女的爱是天性。所谓天性的爱，就是本来、本性的爱。父母爱儿女没有条件，可以为儿女做出一切牺牲，甚至献上自己的生命。而儿女爱父母，也本来是这样。

最近美国有一则报道，一个6岁小女孩和她母亲在街上，遇到了歹徒。歹徒要对她母亲开枪，结果这个6岁的女孩就扑上前去，用身体挡住了歹徒的枪口，歹徒对着女孩开了6枪。她用身体保护了母亲，真的苍天都怜悯这个大孝的孩子，医院把这个女孩救活过来了。女孩在救母亲的时候，那个孝心是没有经过思考的，那是她本性的自然流露。她那个动作没有经过研究分析，"我该不该上去跟歹徒搏斗，我要不要保护我的母亲"，没有这些比较分别，一个念头也没有就上前了。当一个人一个念头都没有的那个状态，就是本性自然的显露，是本性本善的全体起用。

能把父子有亲的爱扩大开，不仅爱我们父母、爱我们子女，而爱一切人，爱长者如同爱父母，爱幼者如同爱自己的儿女一样，这就是博爱，这也是本性本善的起用。如果再扩大，不仅是人，一切动物、植物都爱，所谓"昆虫草木犹不可伤"。如果我们任意地去糟蹋、去砍伐、去破坏自然生态，就会尝到自己种下的苦果。对山河大地、江河湖海，自然界的一切现象，我们都爱。我们就能与地球环境和谐相处。和谐从爱心来，真正的大爱，圣人之爱是爱整个宇宙，一切万事万物。

我们达不到圣人的境界，我们就从对人做起。对一切人我们要学会爱。何谓爱？正体字里面，爱是受字中间有个心字，从心，从受，也就是说用心去感受别人的需要，称之为爱。看到别人有需要了，我们立即去帮助他，这是爱心的流露。古人云，"君子成人之美"。这就是爱，这种爱一定是无私的。如果是有私心、有所图的爱，这就不是真爱。比如希望别人回报我才去爱人，才对他人好，那不是真爱，那是交易。我对他好，换他对我好，这等于做买卖。大爱是无条件的。父母爱子女无条件、无所求；子女对父母也是这样，要对父母孝顺、孝敬，没有条件。当我们有私欲的时候，爱心就被蒙蔽了，本性本善就显发不出来了。

比如我要讨好领导，好让领导对我重视，让我升官，给我长工资，这是心里已经有了私心杂念，这个时候对领导的那种热诚，不是爱的表现，那是一种功利的追求。又比如一个男青年看到一个女青年，被她的姿色所迷，然后就追求这个女士，心里想着，"希望她嫁给我，希望得到她"。这是内心里已经有私欲了，这种爱不是真的，真正的爱心被他的私欲蒙蔽了。

我在美国留学的时候，有一次大学里组织献血活动。当时美国很多医院血库比较紧缺，需要人去义务献血，就来到校园里征集，我当时也跑去义务献血。有些人就说，你怎么给美国人献血？要知道人都是一样的，我们对美国人、对欧洲人、对任何人都要有平等的爱心。《弟子规》讲，"凡是人，皆须爱"。虽然我们当时很穷，没办法用其他东西奉献，但是还有一腔热血。我记得在美国曾两次献血。祖先告诫我们，对一切人要有大的心量，对一切人要平等的爱敬。

媒体曾经刊载了一个感人的例子，这是一位到西藏去服务的内地干部，名叫孔繁森。80年代他被调到西藏赴任地委书记。

他是一个汉人，去为藏民服务。孔书记来到西藏冬天异常寒冷的阿里地区，常常去养老院探望老人。虽然他是地委书记，但是一点官架子都没有。有一次，在养老院看到一位老人没有穿棉靴，脚被冻了，孔书记二话没说，就把老人的脚放在自己的怀里暖着，用自己的体温去温暖老人的双脚。第二天，又派人把新棉靴送到老人手里。

又有一次他下乡到牧区，当时零下三十多度，雪花在凛冽的寒风中狂飞乱舞，一会儿工夫，大家都变成了雪人。人们穿着大衣，还是感到阵阵发冷，脸、手和脚都被冻得失去了知觉。孔繁森看到一位藏族老阿妈把外衣脱给了在风雪中哀号的小羊羔，自己却在零下三十多度的严寒中冻得瑟瑟发抖，他的眼睛湿润了，他用手捂住脸，强忍着不让泪水流出来，猛地转身回到越野车上脱下自己的一套毛衣毛裤，递到那位老阿妈的手上。老阿妈伸出已经冻僵的双手，接过那还带着体温的毛衣，嘴唇颤抖着久久说不出一句话。

孔繁森早年在部队医院当过兵，粗通医术。每次下乡都随身携带一个小药箱，走村串户，慰问受灾群众，给冻伤的牧民们看病。来西藏工作后，为了解决当地缺医少药的困难，每次下乡前，他都要买上几百块钱的药，为农牧民看病治病。一次，有位70多岁的藏族老人肺病发作，浓痰堵塞了咽喉，危在旦夕。当时，没有其他医疗器械可用，孔书记就将听诊器的胶管拆下来，一头伸进老人嘴里，自己口对着胶管的另一头将痰一口一口地吸出来，然后又为老人打针服药，直到转危为安。

1994年11月29日，孔繁森书记在返回阿里途中，不幸发生车祸，以身殉职，时年50岁。他牺牲后，江泽民总书记于1995年4月29日亲笔题词"向孔繁森同志学习"，时任国务院总理的李鹏也题词"学习孔繁森同志热爱人民、无私奉献的精神"。

孔繁森书记是"凡是人，皆须爱，天同覆，地同载"的楷模。要知道圣人的爱心是无条件的。如同左手痒了痛了，右手马上去抚摸，因为都是一体的。圣人把一切人、一切物看成是自己。因此，不仅是爱人，也爱一切物。孟子讲"亲亲而仁民，仁民而爱物"。他的爱从孝心的原点生起来，再将孝顺心、爱心对待万民，这就是仁民。通过爱人推展到爱物，当这个爱心充满了地球，温室效应、海啸、地震，这些灾害统统都能够避免。

有的人问，"凡是人，皆须爱"，难道坏人我也爱？"恶人"，那些无恶不作的人，也爱吗？像希特勒，他的暴行是空前绝后的，发动第二次世界大战，让千百万的人民死于战争，这种人我们还爱他吗？《弟子规》讲，"凡是人，皆须爱"，《三字经》讲，"人之初，性本善"，这里没有说善人、恶人，只说人。只要是人，我们都要爱，我们的爱不是感情的，是慈悲。因为他的本性是善。为什么他会变成恶人？"性相近，习相远"，是后天不良的习性把他给污染了，所以他变坏了、变恶了。我曾经看到一个小孩，对他妈妈说："妈妈，你不要踩地上的青草，你踩了之后小草会痛的。"儿童对草木的爱心，就是本性。当后天那些不良的教育、污染，让他增长了恶习性，增长了自私自利，增长了对名利、欲望的追求，他本善的本性就被覆盖住了。

我们爱这些"恶人",是因为他本性是善的。圣人看人,是看他本性,不看他的习性,知道习性不是本来的面目,只要把习性去除了,他的本性就能显现。怎么样帮助他本性显现? 通过圣贤的教育,帮助这些"恶人"改过自新,恢复本性。他就变成好人了。因此只有从本性上看,我们才能真正做到"凡是人,皆须爱,天同覆,地同载"。

这里面也有一个引申的意思,天地包容万物,世间万物无一不在天的覆盖之下,没有一样不是地所承载的。天地没有分别心,它对一切人、一切事、一切物,平等地覆盖和承载。而圣人所效仿的就是天地的这种广博大爱,我们能够把天地的这种博爱、平等学习到了,也就是圣人了。

行高者　名自高　人所重　非貌高

这是讲,一个人如果他的品行好,自自然然就有很高的名望。名望是水到渠成,所谓实至名归,不是求来的,是自然而然得到的。人们所敬重的是他品行的高洁,不是外表的那种高大。孔子一生力行"仁道",将圣贤教诲宣扬给天下人,所以他才有这么大的名气,成为万世师表,为百姓所敬仰。这都是因为他的德行学问高,而不是自己在那里自吹自擂。大家的眼睛是雪亮的,如果你没有真正的德行,人们就不可能真正对你敬仰,所以我们要修养真实的德行学问。

才大者　望自大　人所服　非言大

这句是讲，一个人的名望要与他的才华相称。才华大，名望自然就大。人们所佩服的是他的才华，并非佩服他的大话。这是讲，当一个人有真才实学，自然就有让人信服他的言语。

在春秋战国时代，赵国有一位贤士名叫蔺相如。出身平凡的蔺相如，经人推荐来到了赵国的国君身边。

当时秦国的国君，知道赵国有一块和氏璧，秦王对这块稀世的珍宝已然垂涎很久了，很想得到这块和氏璧。赵国是小国，秦国是大国，秦王的幕僚们想了一个主意，谎称秦国要以15个城池来换和氏璧。实际上秦王是想把和氏璧骗到手。赵国国君和大臣们商量，赵王说："如果我们不去交换，就显得赵国理亏。如果去交换，恐怕秦王故意设陷阱。怎么办？"蔺相如说："请王允许我带着和氏璧去见秦王，如果秦王真愿意交换，我们就跟他交换。"如果秦王是设的圈套，我一定让这块和氏璧完璧归赵。于是赵王就派蔺相如出使秦国。

蔺相如把大话说在前面，是因为他真有才华，"才大"所以言也大。蔺相如带着几个随从，携着这块价值连城的玉璧出使秦国，见到秦国国君后，献上了宝玉。秦王越看越欢喜，之后又让自己的大臣和婢女们轮流来看。蔺相如看出了秦王根本就没有想要用城池换玉璧的意思。于是就对秦王说："大王，这块和氏璧上有一个污点，我来指给您看"。秦王说："是吗？"就把宝玉赶快递给蔺相如。蔺相如接到宝玉之后，立即退到大堂的柱子旁边，厉声对秦王说："秦王，今天你让我们过来，是想用15个城池换和氏璧。赵国是守信的，赵王特地斋戒五日之后，命我把这块和氏璧送到贵国。如果你们有诚意，想要用城池交换美玉，秦王也应该斋戒五天之后才能接受。如果你是设圈套来骗取这块玉璧的，我现在就连同我的人头，与这块玉璧一起撞碎在柱子上。"

蔺相如的这种威武不屈的气势，令秦王和大臣们异常震服，秦王马上赔笑说："不要这样，我们是想要跟你换，我们也斋戒五天吧。"蔺相如回到了客栈，他知道秦王确实不想换，于是就连夜派自己的随从，乔装打扮成贫民的样子，带着这块和氏璧偷偷地回到了赵国。五天以后秦王又召见蔺相如说："我们现在可以来交换了。"蔺相如说："秦王，您这个国家的国君此前好几代都有背弃信义的行为，今天你们想要用15座城池换和氏璧，我们知道你们并没有诚意，我已经把和氏璧派人送回赵国了。如果你们真正想要以和氏璧来换，你们要与我们的国君签订条约，如果我们赵国的国君弃约，作为大国的秦国可以来打我们。假如你们没有诚意，现在想要把我杀掉，也没有关系。"蔺相如这番话令秦王觉得非常懊恼，和氏璧已然回到了赵国，不要再落一个小人的恶名，想想就算了吧。于是就把蔺相如放回了赵国。和氏璧果然是完璧归赵。

不久，秦王假借为自己庆贺生日，邀请赵王到边界上，举行庆典。蔺相如陪同赵王一起赴宴，另外派了赵国的大将廉颇将军率重兵悄悄地镇守在边疆，准备若出事就反击。蔺相如陪着赵王来赴宴。宴会上，秦王故意对赵王说："听说国君你很懂弹琴，今天是我的生日，请您为我弹奏一曲。"无可奈何之下，赵王只好弹奏了一曲。秦王马上命自己的史官说："记下来，某年某月某日赵王为秦王弹琴。"此举显然是一种羞辱。此时蔺相如拿起了一个瓦缶（就是瓦盆），来到了秦王旁边跪下说："听说秦王很会敲瓦器，现在请秦王为我们赵国国君敲瓦器来助兴。"秦王听了大怒，拒绝。蔺相如走前两步，拿着瓦器怒气冲冲地对秦王说："我们现在就近在咫尺，我要用我的颈血与你一起同归于尽。"秦王被蔺相如的举动吓得不敢动，旁边的军士也不敢轻举妄动，怕伤害了秦国国君。在这种形势下，秦王无可奈何地敲了那个瓦器几下。蔺相如马上对史官说："请你们记下来某年某月某日，秦王为赵王击缶。"虽然堂上秦国的大臣们跃跃欲试想要动手，但是，知道廉颇将军带着重兵把守在边界，宴会也就不了了之，散去了。

蔺相如以他的机智勇敢，令赵国国君没有被秦王羞辱，赵王非常高兴。回到赵国后，就将蔺相如任命为上卿，位置在廉颇将军之右。廉颇将军说，"我为赵国出生入死，这个蔺相如就光凭着几句话，竟然骑到了我的头上"，就很不服气，扬言要羞辱蔺相如。蔺相如知道以后就处处躲避廉颇，甚至托病不上朝，不要同廉颇将军见面，以免发生不愉快。

有一天，蔺相如和门客坐车出去，迎面看到廉颇将军的马队来了。蔺相如赶紧就掉回头，结果门客们很不服气："我们来投靠你，是仰慕你的机智、勇敢、正义。怎么你见到廉颇，反而变得胆小如鼠？"蔺相如就对门客们说："你们说廉颇将军与秦王比起来哪个更厉害?"门客说:"当然秦王更加厉害。"蔺相如就说:"秦王我都不怕,怎么会怕廉颇将军?我避让他是因为赵国不能够没有廉颇将军和我,我们一文一武才能使赵国不被大国欺负。如果我们两个人斗起来,龙虎相争就会两败俱伤,其结果必定使国家处于危难之中,所以我一定要以和为贵。"

这番话,后来传到了廉颇将军那里。廉颇也是一个有见识的人,他听了蔺相如这番话非常惭愧,知道自己错了。自己嫉妒人家的才华,嫉妒人家的名望,把个人的恩怨摆在了国家利益之上,这是私心。他决定向蔺相如忏悔。廉颇将军脱掉上衣光着脊背,背着一束荆棘,来到了蔺相如的府上,向蔺相如请罪。这就是有名的"负荆请罪"。此后,廉颇与蔺相如成为生死之交,互相尊敬,联手辅佐赵国。

从这个历史故事我们看到,一个人真有才华、有见识、有德行,不要怕别人不服。不服是因为他暂时对我们不了解,我们的心是坦然的。等到有一天他了解了我们,他也会服的,不必用语言来辩驳。这就是蔺相如德行高于平常人之所在。这句话也告诉我们,当人家比我们能力才华都高的时候,我们要对他尊重。知道他是名副其实的,我们不能有嫉妒心,嫉妒的心是对自己心理最大的伤害。嫉妒不仅伤害自己而且伤害别人。如果伤害国家和人民的利益,可能会导致国家甚至世界的动乱,特别是有一定地位、身份的人。这些要非常的小心谨慎。

嫉妒心强的人往往总是在找别人的毛病。看到别人才华高、名望大心里不服,于是千方百计地来刁难他,用各种难听的语言来侮辱他。这种行为反而会导致自己身败名裂，是自食其果。如果那个人真正有德、有才，不会因为我们的嫉妒而让他的德行、才华降低，因此对他的伤害并不大，而对我们自己的伤害则非常严重。所以当看到别人有优秀的地方，我们应该懂得赞叹，懂得向他学习，为他高兴，这就是随喜。

《朱子治家格言》说，"人有喜庆不可生嫉妒心，人有祸患不可生喜幸心。"看见别人有好的地方，我们不能嫉妒。看到别人有灾祸，我们不能欢喜，应该同情、怜悯他，而且要帮助他，这是养自己的厚德。当我们把私心放下的时候，嫉妒心就没有了；同情、怜悯、仁爱别人之心就能生起来了。见到人的好会生欢喜心，见到人不好会生同情心，这是本性的本善。这种欢喜心，不是装出来的。不是学了《弟子规》这一条，看到别人好，就说几句恭维的话，赞叹赞叹他，而心里并没有真正由衷地去欢喜，这还是虚伪，还是心中有自私自利的恶念在作怪，不能生起与人同体，与人同乐、同悲的心。

己有能　勿自私　人所能　勿轻訾

这是讲，自己如果有能力不可以自私，要把这种能力和大家分享。只要有人来学习，我们就乐意去教导他。别人有能力，能力比我强的，我要生欢喜心。他的能力就好比自己的能力一样，替他高兴，不可以去轻贱他、轻视他，甚至找机会去指责他、侮辱他。因为人的爱心是与一切人一体的心，自己的能力一定跟大众来分享，绝对不吝啬，别人有能力也如同自己的能力一样。

有的人心量窄小，自己有能力不肯传授给别人。有很好的学问不肯全盘教导别人，总要留一手。师傅教徒弟，想着教会了徒弟就饿死了师傅，这就是自私的观念。哪怕是一点点私心还在，就障碍我们本性、本善的流露，所以能力肯定不圆满。一个大公无私的人能力是圆满的，因为能力是本性中本有的，只是在我们这个本性的宝藏里面没有开发出来。真正将自私自利放下，我们本性中的才华能力就像泉水一样汩汩地涌出来，没有障碍。

见到有人讲传统文化讲得很好，心里就很不舒服。古人讲"同行相轻，文人相轻"，是说互相轻贱，不懂得尊重别人。大张旗鼓地去批评别人，从他讲的内容里面找毛病，一字一句都不放过，稍微有一点错漏，立即抓住不放，这是吹毛求疵，目的是要把他的信心打垮。打垮了他之后，他就不能讲了，就不会超过我了，显得自己在这方面比他高明，"我能够对他样样都了解，可以对他进行批评"，这就是轻訾别人。要知道，如果是对国家、对世界带来利益的好事，就不可以去随便地批评，应该多鼓励，多扶持别人，让这个社会、这个世界多一些人来替人民做好事，这种心才是仁爱的心。一个慈悲的人，即使是批评别人的缺点、错漏都是非常委婉的。

勿谄富 勿骄贫

这是讲，看到富贵的人，我们不要生阿谀奉承、谄媚巴结的心。看见贫贱的人，不可以生骄慢、骄态之心。谄媚巴结和骄慢，这都是很重的习气，这种习气障碍了本性。人人本性本善，是平等而没有高下的。从一个人的身份、外形来讲，确实是有高下、有贫富、有好运的、有不好运的，但是不可以被这些表象迷惑，让自己的本性受到障碍。

《朱子治家格言》说，"见富贵而生谄容者最可耻，遇贫穷而做骄态者贱莫甚。"看见富贵的人，就生谄媚巴结，这种人其实是最可耻的。一个君子注重自己的人格，绝对不会做出这样的事情。看见贫穷的人，就生起骄慢之心，看不起别人，这种人反而是最贫贱的。所以，一个人的贵贱，不是看他拥有多少财富，而是看他的品格是否高尚。

《中庸》云，"君子素其位而行，不愿乎其外。素富贵，行乎富贵。素贫贱，行乎贫贱。"君子安分守己，自己是什么样的地位，就做什么样的事情，绝对不贪慕自己地位以外的事情，这是真正的德行涵养。因为贪慕自己地位以外的事，就往往会自取其辱。

"素富贵，行乎富贵"，出身富贵，就做好富贵人本分的事情。富贵的人能够好礼，讲礼貌，懂礼节，懂得恭敬人，明辨是非善恶，能够择善而行，于富贵人中，做君子，做圣贤。"素贫贱"，就"行乎贫贱"，出身贫贱，就做好贫贱人本分的事情。贫贱的人，如果好学，不以贫贱为耻，安分守己，顺应天时，顺应自己的缘分，在自己的位置上进德修业，依然能成为君子，成为圣贤。因此圣贤不分富贵贫贱。

孔子的学生，富有的人如子贡，贫贱的人如颜回。颜回是箪

食瓢饮,吃饭没有饭碗,用竹篓盛饭,喝水用葫芦瓢,虽然生活
非常贫穷,他却不改其乐。因为他于自己的本分上,行圣贤之道。
所以,无论处在什么样的身份地位,都能够成就完美的品德。

勿厌故　勿喜新

这是讲,不可以喜新厌旧。喜新厌旧是现代人一个非常严重
的毛病。在生活物品上喜新厌旧,会造成很多的浪费。例如衣服,
很多人追求时髦,追求潮流,每年都换多少衣服。春夏秋冬都在
赶潮流,去年买的衣服没穿过几次,今年又换新的。家里的衣服
堆积起来都发霉、生虫了,造成很大的浪费。要知道我们现在有
很好的衣服穿,可是地球上依然有很多人挣扎在贫困生死线上,
怎么可以奢侈浪费。一件衣服好好的保管,穿十年都没问题。因
此,我们要在物质上节约,养自己的厚德。

我们师长的老师李炳南老教授,一生守住节俭。他的收入很
丰厚,既是大学教授,又是很高明的中医,同时还在政府部门担
任官职。他办医院、办老人院、办传统文化的讲堂,自己的收入都
拿来捐献给公益事业、教育事业,而自己生活真的是节俭到不能
再节俭的程度。他一天只吃一餐饭,省下钱来帮助别人。他穿的
衣服,外衣总是中山装,从没见到他换新的。他老人家走了以后,
弟子们把他的物品拿出来整理,发现他的内衣、内裤甚至袜子,
都是打了很多补丁的,而且是老人自己补。老人家当年居住的地
方,现在作为纪念馆了,我前年去参访,看到老人家当年用的物

品,那样的简单朴素,令我们非常感动。真正的大德,珍惜自己的福报,把自己的福省下来供养一切大众。

当一个人在物质上常常喜新厌旧,那么人的道义就越来越稀薄,最后变得人与人的交往也喜新厌旧,不注重道义、恩义、情义。当今社会上最明显的是离婚率年年在攀升。为什么离婚率越来越高?喜新厌旧是主要的一个原因。根据2004年的统计,每年在台湾有13万对新人结婚,同年离婚的有6.2万对。13万相比于6.2万,也就是说将近有一半的人离婚,离婚率高达百分之五十。这个悲剧是因为大部分的现代人,都存在这种喜新厌旧的问题。

东汉光武帝时期,有一个大臣名叫宋弘。光武帝的姐姐湖阳公主的夫婿刚刚去世,公主看上了宋弘,就请光武帝为她做媒。光武帝来到宋弘家里说,"我听谚语说,人富贵以后就要换朋友,就要换妻子,这是不是人情呢?"宋弘听光武帝这么一说,马上就知道来意了。因为宋弘已经有妻室,他对光武帝说,"贫贱之交不可忘,糟糠之妻不下堂"。在贫贱的时候、患难的时候,那个朋友不能忘记,那种友情是最真挚的。与我们一起共患难、一起创立家业,辅助我成就事业的这个太太,所谓糟糠之妻,是绝对不能换的,一定要白头偕老。宋弘此言一出,光武帝就知道这门亲事是谈不成的。

宋弘不攀权贵,光武帝亲自来说媒,请他做皇亲国戚他都不要,这是真正念旧、念恩的厚德君子。当时朝廷上下知道了宋弘所行的道义、恩义、情义之举,非常的敬佩。朝野上下都讲求道义,宋弘的清白、忠义就影响到了整个朝廷,影响了社会。这就是古人讲的修身、齐家、治国、平天下。

当然,现前社会里面,也有念旧、念恩的道义夫妻,他们令我们也很感动。据新闻报道,在中国有一对夫妇,他23年前,结婚以后,丈夫就发现妻子很怕冷,体质很弱。此后,先生23年如一日,每天为妻子搓脚、搓腿,帮助她的身体得到温暖。可是尽管如此,在1990年,妻子还是站不起来了,她得的是股骨头坏死的病症。先生一如既往地伺候妻子,帮助妻子树立生活的信心。因为妻子无法工作,家里生活很穷困,工作、养家的重担就压在丈夫一人的肩上了。而且丈夫对妻子发了愿说,要背着妻子走遍中国的大中城市,他们计划用三年时间把中国走完。如今,他们已经在走了,而且边走边把他们23年夫妻共患难,互相帮助的事情向大家宣讲。这位先生希望用自己的爱心,让妻子重新站起来。

报纸上刊载,河南郑州的一个男子,因为车祸变成了植物人,他的妻子三年在他床前伺候他。虽然这个植物人一点动作都没有,昏迷不醒,甚至用针扎他的腿都没有知觉,妻子仍每天守在床前,为丈夫翻身、擦洗,为丈夫唱歌,跟他聊家常。每两个小时就帮助他翻一次身,三年如一日。医生感叹地说:"这三年的时间,一个全没有意识,毫没有活动能力的人,身上竟然没有生疮,皮肤还很好,这样的情况,我们医生都很吃惊。"这位妻子刚来医院的时候还很胖,三年下来,瘦了三十多斤。这位妻子说:"夫妻夫妻,祸福共担才叫夫妻。做人要讲良心,他已经这样了,而且医院又主动给我们减免了医疗费用。我如果一走了之不管不问,还配做人吗!"这位妻子语气很坚决,真的是念着道义、恩义、情

义。在配偶最困难、最需要帮助的时候, 守在了他的身边。结果
奇迹出现了, 三年以后她的丈夫竟然苏醒了, 他睁开眼睛, 用手指
着自己的女儿, 开心地说:"这是我的女儿吗?"

郑州市第一人民医院脑外科主治医生张云鹤说:"这是爱
心坚持救治创造的医学奇迹。"这个感人至深的念旧、念恩的故
事, 就发生在今天。一个不讲道义、不讲恩义、不讲情义的人, 就
如这位妻子所说,"还配做人吗"?

人不闲　勿事搅

这是讲, 我们处处要有仁爱之心, 要时时提起关心、爱护别
人的念头。当人家没空正在忙, 或者他没有得到充分的休息, 这
个时候, 我们不要去跟人家谈事情, 不要去打扰别人, 这是真正
的关心他人。又比如我们打电话, 电话接通, 先问对方:"请问您
现在说话方便吗?"对方听到你这句话, 就会感觉到你对他的关
怀, 心里就感觉很温暖了。他如果方便, 我们再继续说下去; 他
如果不方便我们再约时间谈。我们在生活点滴中, 要培养爱护别
人、恭敬别人的心, 这就是本善。

人不安　勿话扰

这是讲, 当我们看到别人心神不安的时候, 就不要去打扰
他, 不要同他讲话。因为他可能心里正难过, 或者是心有忧虑,

不愿意同别人谈话。此时，我们如果能静静地给他递上一杯茶，或者在宿舍里面给他铺好床褥让他休息，以这样的方式安慰他，我们就可以去做。如果一个人需要安慰，也不妨用轻声的话语去安慰他。这都是根据不同的情况，表示对他的关爱，总之就是让对方得到安宁，从不安的精神状态中解脱出来。

能常常安慰别人，让别人的心神安宁，我们自己也能得到心神安宁。有其因，必有其果。因此，我们要懂得察言观色，察言观色的目的是为了更好地关怀别人。《论语》里有一段对话，子张问孔子说："士何如，斯可谓之达矣？""士"，是读书人；"达"，通达事理。怎么样做才是通情达理？孔子回答说，"夫达也者，质直而好义，察言而观色，虑以下人。"这是讲，真正通达事理的人，他正直，而且爱好正义，懂得察言观色，能够谦卑地对待别人。这种人就称得上是通达事理的人。圣人教导我们存心要善良，要懂得常常看到别人的需要。察言观色，不要等别人说，我们就能够看出他需要什么，不需要什么。常常替别人着想，谦虚恭敬别人，这样的人才能受人欢迎。

人有短　切莫揭

这是讲，当别人有短处的时候，我们千万不可以去揭发他，给别人留面子，是爱护他。每个人都有自尊，都有面子，我们不想自己的自尊、面子受到侮辱，我们就不能够这样对待别人。因此看到别人有短处，要懂得包容，甚至帮助他。在没有人的情况下，用很柔和的方式跟他讲，请他改过。不可以当众揭发他的短处，这样做不但与人结怨，自己的德行也败坏了。我们不仅不能揭发别人的短处，而且心里不要去想着别人的短处，想着别人的短处，那是把别人的缺点、错误放在了自己的心上。本来是一个本善的心，变成了装着别人短处的垃圾桶。把别人的那些垃圾、缺点全部装在自己的心里，这对不起自己。况且我们眼中看到的别人的短处，也未必是真实的，可能我们了解的并不全面，如果一知半解，道听途说，向别人大肆宣扬、揭发，这不仅与他结怨，更将自己的德行败坏了。

古人有一个比喻说，看到别人的短处，实际上就好像自己的脸上、鼻头，有一个污点，去照镜子，发现镜子里面的那个人怎么鼻头上有个污点呢? 就去说他，"你怎么长得这么难看，鼻子上这么脏。"批评对方实际上是批评自己。所以，当揭人家短的时候，就是揭自己的短。讲别人的缺点、错误，正显得自己是一个好说是非的小人。一个真正有智慧的人，对那些流言蜚语不闻不问。古人讲"流言止于智者"，一个智慧的人，从来不去传流言蜚语，好说是非者，必是是非人。

人有私 切莫说

这是讲，人如果有隐私，我们千万不能说。如果把别人的隐私揭露出来了，往往与人结怨、伤和气，有失厚道，折损自己的阴德。折损阴德就折损寿命，所以这种事情，有智慧的人怎么会去干呢?

古人讲"凡一事而关人终身,纵然确见实闻,不可搬上口边"。关系别人终身大事的隐私,即使是你真见到了,亲眼所见,亲耳所闻,都不可以去讲。"凡一语而伤我厚道,虽然闲谈酒谑,应谨慎不要流出口",凡是讲话有伤厚道、有伤体面的,即使是闲聊,都不可以随便讲。像男女关系的事情,事关人终身的清白,这绝不能乱说,说了就伤厚道。有关人名节、有关人家终身大计,或者是企业、国家里面的机密,这些都不可以乱说。这不仅是对人、对团体、对国家的尊重,同时也是避免造成对他人、团体以至国家的伤害。

道人善　即是善　人知之　愈思勉

这是讲,如果别人的善行我们看到了,应该赞叹他。赞叹他,你得到的也是善。因为被你赞叹的人知道了,他受到你的鼓舞,会更加努力向上,使他的善更加得到提升。另外,其他的人听到你的赞叹,他也会效法这位善人,对所有的人都是好事。因此能够常常看别人的优点、长处、善行,这本身也是善行,是对大众的勉励,希望大众见贤思齐。

当然,善的标准必定是与本性相应,这是真的善。《三字经》讲"人之初,性本善"。与本性相应的就是善,与本性违背的就是恶。可以说我们现在都迷失了本性,要对照圣贤人所说的标准,检点自己的言行。因为圣贤人恢复了本善,所以他们讲的是正确的，是符合宇宙人生真相的。如我们中国传统的儒释道三家的圣人都是见到本性，恢复了本善的，所以用他们的教诲作为依凭，帮助我们了解何为善，何为不善。

现代人不要说去道人善，就连什么是善都不甚了解。原因是近百年来，中国的传统文化、圣贤教育被严重破坏了。现在如果能够把传统文化教育复兴起来，这就是最大的善，称之为善中之善。传统文化能够帮助人认识本善，修学恢复本善，这是功德无量的事业。要恢复传统文化教育，最关键的是要有人才、师资。孔子说"人能弘道，非道弘人"，传统文化教育要靠人来弘扬光大，人要把这个教育做出来，真正把老祖宗圣贤人的教诲落实、表演出来，他才能够真正弘道。现在师资人才实在是少之又少，因此如果有年轻人能够立志走圣贤教育之路，来发扬光大中华文化，这个人真的是大善人。

胡锦涛主席在中共十七大的报告中提到，"中华文化是中华民族生生不息、团结奋进的不竭动力"。中华文化使我们中华民族能几千年保持大一统，生生不息，具有顽强的生命力，历久弥新。这个文化不仅是属于中国人的，也是属于世界的，要向世界去推广，帮助构建和谐世界，让整个地球的人类能够真正和谐、团结、生生不息。因此这项工作是圣贤的工作。

我们跟着师长学习了这么多年，也了解了弘扬中华文化的意义，就生起了使命感，作为一个中国人，作为一个炎黄子孙，应该承担起弘扬中华传统文化的使命，因此我就将我在昆士兰大学的终身教授工作辞掉了。当时很多人不理解，"这个工作大家都很羡慕，在同龄人里面你也算是佼佼者了，事业正是要走向如日中天的时候，三十几岁正可以在事业上有所建树，为什么放弃掉了，要重新开始？"那是因为我明白了，要拯救这个世界，要复兴我们的民族，最关键的还是要靠传统文化儒释道三家的教育。这个世界要和谐，现在人才最缺乏，真正急需的不是所谓的金融教授，是圣贤教育的师资。所以我立志辞掉原来的工作，换一个工作，学习中华传统文化，通过自身学习，通过力行，能够得到真正的体验，边学的同时还可以边向大众介绍。

"道人善"，道谁的善？古圣先贤的善。孔子、孟子、老庄、释迦牟尼佛，他们都是圣人，我们把他们的教诲道出来，这是道人善，这是真善。这种善，真正可以帮助和谐社会、和谐世界。因为和谐要从心来构建。有了和谐的心态，心里真正放下对一切人、一切事、一切物的对立、冲突，心里就和谐了。自心和谐了，对外界的人、事、物自然就和谐了，当社会达到和谐之时，世界随之渐渐也和谐了。和谐从哪里做起？从心做起。从谁的心做起？从我的心做起。怎样做？用教育。教育可以转化人心，这是善中之善。

扬人恶 即是恶 疾之甚 祸且作

这是讲，假如我们讲人家的恶，宣扬人家的过失，这种行为就是恶，这是自己最大的过失。这种过失如果严重了，"疾"是病。常常造口业的病，讲人家的过失，讲人家的是非，这些毛病如果越来越厉害，"甚"就是越来越厉害，到最后"祸且作"，灾祸就会临头。古人讲，三寸之舌为祸福之门。一个人如果自己的言语不谨慎，往往会种下祸根，与人结怨。所以常常讲人家的过失，去张扬人家不善的这种行为，最开始可能是因为一念私心，要把别人打倒，要把别人贬低，到处跟别人讲那个人怎样怎样坏，要把那个人说臭，这是私心作祟。久而久之习惯了，动不动就说人家的过失，可能在谈笑之间，自己都没有能够觉察自己在造恶，就与很多人结了怨，当别人报复的时候，自己还不知道什么原因。

要懂得，对待别人的恶，我们要存有包容的心量。他如果能改，我们就劝导他。他如果不能改，我们就不闻不问，敬而远之就好了。千万不可以去张扬他的恶，与他结怨。历史上与人结怨，导致杀身灭门的灾祸很多很多。

《菜根谭》说，"攻人之恶毋太严，要思其堪受。教人以善毋过高，当使其可从。""攻"，指摘别人的错误，攻人之短。这是讲，指摘、批评别人的恶，不可以太严格，要看他能不能接受。他能接受，我们才可以批评；不能接受，我们就不可以。而且即使是批评，都要用非常温和委婉的言语。教导人行善，也不能将善的标准提得过高，要看他能不能做到。不能做到，说出来就是对他的羞辱。"疾之甚，祸且作"，这是讲不要与你所批评、攻击的人结怨，造成灾祸。

除此之外还有更大的灾祸，是我们扬人、扬社会的丑陋面。比如，现在新闻媒体就很喜欢报道那些负面、丑恶的事情。这是扬人恶，这就很不好。因为如果新闻报道里，常常都讲这些恶人恶事，就让老百姓看到社会风气怎么这么糟糕，常常有这些恶人、恶事，逐渐逐渐的，大家对于善良的社会风气，就会丧失信心，大家不愿意行善了，好像各个人都在造恶，我行善自己就不好意思，于是也就同流合污去了。那些造了恶的人看到，新闻报道里面都讲了这么多恶人、恶事，我干了这么一点恶，算不了什么，他就肆无忌惮地造恶了，因为他觉得山外有山，恶里头还有更恶的，他就不肯改恶行善，改过自新了。结果是造成了社会风气愈加地败坏。人们变得没有羞耻之心，这个灾祸多么严重。

2006年1月份，我代表师长去参加联合国教科文组织在印度尼西亚巴厘岛召开的国际和平会议。探讨的主题就是，如何将媒体改造成促进社会和谐、世界和平的工具。大家都知道，现在的媒体，都过分地渲染那些负面的东西。暴力、冲突、恶人恶事，成为媒体报道的焦点，这个问题很严重。在会议中，我们遇到了一位来自伊拉克的参会者。他批评国际上发达国家的媒体，报道美国与伊拉克的冲突，过分地渲染、报道种族、宗教之间的冲突。事实上伊拉克和平的地方很多，人们还是过着比较安定的生活的。但经过这些媒体的渲染，使伊拉克国民和外国人人心惶惶，都认为冲突非常严重，致使冲突不断升级。这个冲突怎么来的？媒体制造出来的。这就是"扬人恶，即是恶，疾之甚，祸且作"，这样下去，最后可能导致世界大战。

我们师长常常提到，"世界上有两种人，可以拯救世界，也可以毁灭世界。第一种是政府的领导人，第二种就是媒体。"媒体的主持人、记者，他们如果报道正面的内容，把善人善事、伦理道德、圣贤教育广泛地进行宣扬，这就是"道人善，即是善。人知之，愈思勉"。这样的宣传，可以带动良好的社会风气，能创建一个和谐的、互助互爱、互相帮助、共存共荣的社会秩序。如果常常报道负面的、暴力的恶人恶事、冲突，那就是"扬人恶，即是恶，疾之甚，祸且作"，最后导致世界大乱。会议中，师长让我代他发表的一个论文，呼吁媒体成为和平的天使，这是媒体能做到的。关键是媒体工作者们能不能意识到这一点，报道正面的善人善事，把民众导向道德正义，使媒体成为和平天使。

在西方大学里都有新闻系。新闻系有一种很可怕的哲学理念，英文叫作"Bad news is good news"，有坏消息就是好消息。因为有坏消息，有暴力冲突的事情，媒体就有新闻点了，对媒体是好消息，那么问题就严重到全社会充斥的都是坏消息，人们真的是生活在水深火热当中，这就不得了了。《弟子规》这句"道人善，即是善"，"扬人恶，即是恶"，是真正的哲学，我们如果真正会用，可以救世。

善相劝　德皆建

这是讲，要懂得互相劝善，互相鼓励，提升德行。我们在传统文化教育方面想要学习，想要真正努力落实，能提升自己，大家要互相以善相劝，互相鼓励，共同提高，这个"德"就建立起来了。最好的方式就是，每天都有传统文化教育课程。师长现在让我们每天都在摄影棚里讲课，把这个课程通过网络传播到全世界,与全世界有缘的同学一起"善相劝,德皆建",这是非常好的事情。一起来学习的都是对圣贤教育有兴趣的好学之人。我们志同道合,在圣贤教育的道路上,一起携手共进。我相信孔子如果现在在世,他也会很高兴的。

讲到善,讲到德,根本在于圣贤教育的基础,而这个基础,儒家是《弟子规》,道家是《太上感应篇》,佛家有《十善业道经》。十善业,就是不杀生、不偷盗、不邪淫、不妄语、不两舌、不恶口、不绮语、不贪、不瞋、不痴,是与本性相应的善。这三门是基础课,共同的在基础上落实,称之为"德皆建"。

我们每天在摄影棚里讲课,有不少的同学,寄来讲课的素材,善人善事的例子和一些远方朋友的来信,或者是一张卡片给予鼓励。我们接到之后觉得很安慰,知道在修学圣贤教育的道路上,并不是孤独的。虽然很多人我们没有见过面,可能是他在网络的另一端来收看,常常也把他的一些心得、体会,甚至对我们的指正,用电子邮件或者信函传真传过来,这都是"善相劝,德皆建",我们感到非常的安慰和感动。

善、德,古人曾经讲"孝为百善之先","孝者,德之本也"。因此孝道是善之先、德之本。劝善、劝德,从哪里下手?从劝孝开始,这一点孔夫子他老人家2500年前就讲过。《孝经》讲"夫孝,德之本也,教之所由生也",道德的根本在孝道,所以教育要从教孝开始。而孝道,孔老夫子说,它是先王的至德要道,能够令天下和顺,上下无怨,民用和睦。用我们现代话来讲,就是能够构建和谐社会,构建和谐世界。当今社会媒体如果能够常常播放孝的故事，无论是古代的，还是现代的，就是对民众"善相劝"，对于构建和谐社会将会是非常有力的支持，这便是"德皆建"。

山东电视台有一个《天下父母》的专栏节目，播放过不少现代的孝子、孝女、父子有亲的感人事例。今天，很多地方也在评选十大孝子。2007年4月，我被邀请参加在中国西安举办的国际《道德经》论坛，论坛的主题是"和谐社会以道相通"。我发表了一个演讲，演讲的题目与主题相应，是"和谐之道以孝贯通"，这句话是孔老夫子说的。和谐社会最好是用孝道。两千年前，孔子见到老子，得到了老子的真传。《孝经》就讲到，"教民亲爱，莫善于孝"，让大众相亲、相爱、和谐，最好的方法就是孝道。我在演讲最后提出三条建议，后来，这三条建议刊登在《西安晚报》上。会议总结的时候，主持人也特别把这三条建议再次重申，并且得到了大家的一致认同。

第一条建议：希望中国从中央到地方，各级政府每年都能够举办评选十大孝子的活动。媒体进行广泛地传播，"教民亲爱，莫善于孝"，一定能够使社会和谐。大家看到现前，身边发生这样的孝子案例，都能够把善心生起来，懂得孝顺父母，自然懂得忠于祖国，懂得服务人民。

第二条建议：希望国家能够提倡祭祖的活动，把清明节、冬至节（就是祭祀祖先的日子）作为法定假日，而且能够由国家领导人、各地政府领导人共同来祭祀祖先。1937年，毛泽东主席就曾经率领中共中央所有的领导祭祀黄帝。古人讲"慎终追远，民德归厚"，祭祀祖先，能够提高民族的凝聚力，能够使社会风气淳厚,这是孝道。

第三条建议:希望能够建立文化教育中心这样的教育机构。民办也好,政府办的也好,全国建立这样办班教学的点,启发大家的善心。这就是将"善相劝,德皆建"发扬光大。

这三条建议,都是我们师长的理念,如今在社会上得到了一些响应。不少地方也愿意去做,比如评选十大孝子的活动,办教育中心,推广传统文化的教学,我们看到这些都非常欣慰。

过不规　道两亏

这是讲,与朋友相处的时候,应该互相提升。见到对方有过失,就应该真诚地规劝。特别是在圣贤教育道路上携手共进的这些善友们,如果看到对方有过失,而不能够去规劝,眼见他德行堕落,不能帮助他提升,这样既使朋友不能够改过自新,自己在德行上也有了亏欠。这就是"道两亏",对人、对己都不好。真正的朋友就应该真诚,相互帮助使德学有所长进,这样的朋友才是真正的朋友。

《孝经》云,"士有净友,则身不离于令名。"净友,就是能够对我直言相劝,让我能够少犯过失的人。这句话讲读书人如果有一个净友,能够令我的名节不会受污损,那是一个莫大的福分,我们应该对他非常感恩。朋友的相劝,如果是正确的,我们应该立即改正自己的过失;如果朋友的规劝不妥当,我们也应该心存感恩,感恩他能有这样的热忱来帮助我提升。我们身边到底有没有这样的诤友？如果有，我们一定进步得很快，这是很值得庆幸的一件事情。

如果我们身边没有人对我们直言规劝，那是不是就怨老天爷，怎么不安排一个诤友给我，为什么这些人都不能对我直言相劝？在那里怨天尤人。古人讲"行有不得，反求诸己"，没有诤友，怨谁？应该怨自己，检点一下自己是不是一个能听得进规劝的人。别人劝导我们，我们听到别人说我们的缺点、过失，马上就面红耳赤，与他辩驳，不能接受。这样的态度，人家最多给你提第一次，绝对不可能提第二次了，因为知道给你提意见你不能接受，不能接受，还再提就与你结怨了。所以有智慧的人，懂得察言观色，看见你不能接受意见，他以后再也不会开口，对你都是客客气气，大家没必要结怨嘛。我们这样的做法就把诤友赶跑了。

首先，我们要心存纳谏的谦卑态度，对待任何人给我们提的意见，我们都应该欢喜接受。孔子的弟子子路，闻过则喜，听到别人讲他的过失，子路都很欢喜，绝对不会批驳对方，跟对方辩驳，甚至会怨恨对方，这样的人没福。什么人有福？能够受谏的人。因为自己看自己的过失很难，但是别人看我们的过失很清楚。如果听到别人的规劝，能马上改过来，这种人就有福。因此，对待朋友的第一个态度，是应该有谦卑的听得进谏言的心态。第二个态度，是有过则改。朋友给我们的规劝，我们听到了应该马上改过。

孔子的学生颜回，是孔子最赞赏的弟子，因为颜回能做到"不二过"，同样的过失，他不犯第二次。我们如果能真正"不二过"，过失只犯一次，善友看到我们能够改过，他会欢喜继续规劝。如果看到我们听到规劝，虽然也很客气，表现出也很谦卑恭敬的态度，但是就不肯改，提第二次你还不改，第三次他可能就不提了，知道提了也没用了，何必为难你。所以真正有修养的人，都进退有度。人如果一天能够听得进一个劝告，改正一个过失。一年三百六十五天，三年一千日就能改一千个过失，恭喜你，你将是一个真正的圣贤了。

我们对别人、对朋友规劝过失，也要注意艺术和分寸。不要看到这一条"过不规，道两亏"，见到朋友有过失，马上就批评他，甚至当众就把他的过失给说出来，这种方式会使他很难堪，这是心不够仁慈。仁慈的人给人留面子，看到朋友有过失，希望他能改过，而不是借助这样的机会去刁难他，或者是借着这个机会，来显示自己眼光很厉害，我一下子把他的过失给看到了、抓住了，这种存心就不良了。

与朋友交往的关键，是我们有没有真诚仁爱的心态。有这样的存心，对朋友规劝的时候，就一定会注重方式，尊重对方。一定是在两个人的时候，没有别人知道的时候对他讲。当有其他人在场时绝对不讲，这是尊重对方，这样，朋友会感恩你，乐意接受你的规劝，他就能改。所以，我们规劝的目的，是为了朋友改过，为朋友好。如果不注意方式，达不到规劝的效果，他不肯改，甚至还会起抵制、逆反的心理，甚至怀恨在心，这样就是适得其反了。因此，与人交往的分寸、态度非常重要，不可不慎重。

凡取与　贵分晓　与宜多　取宜少

　　这是讲，凡是与人交往，都会有互相馈赠礼品的时候，在互相往来的时候，最好清楚对方给我的礼物是多少，我应该回报他多少。所以当别人送给我们礼物时，不能很不经意，没把人家的礼物当作一回事。甚至别人送给我们什么东西都忘掉，这就不好。哪怕他送给我再小的东西，我都非常郑重地接受，这是对对方的尊重。礼物大小并不重要，关键是情意，礼轻情意重。因此当我有机会回馈他的时候，不但不能少，一定还要多一点。"与宜多，取宜少"，给别人的多，向别人索取的要少，这是中国人的厚道。古人接受对方的礼，必定是把对方的礼物记录下来，等到有机会回礼的时候，在他礼物的基础上，再多加一点送还给他。礼尚往来，是厚道的存心。别人给我们的恩德，我们绝对不能忘记。要报恩，一定要加倍。

　　古人云"滴水之恩，当涌泉相报"。这是讲，要知恩报恩。人懂得恩义，常常把别人的恩记在心里，念念都要报恩，这是有福之人。天道好还。天的道理也是自然之道，要酬偿，要报恩。懂得报恩，就与天道相应，就是随顺自然。

　　"与宜多，取宜少"另一层意思，是我们为人处事要懂得，给予别人的多，向别人索取的少，而且最好是不向人索取，不要求人。古人讲"登天难，求人更难"。人情有时候很薄，向人家索取，人家未必会理，你自己就生烦恼了，甚至会丧失了生活的信心。苦恼怎么来的？向外攀求就会有苦恼，一个人真正能做到与人无争、与世无求，就得大自在了。

古人讲得好，"人到无求品自高"。观察一个人的品格修养，就看他有没有"求"的心。真正君子，淡泊名利，于功名富贵一无所求，所求的是道。"君子忧道不忧贫，谋道不谋食。"所忧的是自己的道德学问不能增长，不能为社会奉献，不能够帮助社会推广圣贤教育，来达到安定和谐。忧国、忧民、忧道，是君子所忧的。取的少，欲望很少，没有攀缘的心，品格高尚，因此他就刚强。古人云"无欲则刚"。毅力、志气很刚强，无论遇到什么样的曲折、困难、诱惑都难不倒他，都不能够阻碍他的志向。

"与宜多"是我们向社会、向大众布施的要多。看到别人有需要了，一定是毫不犹豫地伸出援手，哪怕是倾家荡产也会帮助别人，所怀的是一片仁爱之心。正如范仲淹先生身居宰相高位，常常将所得的俸禄都拿去布施，兴办义学、周济贫寒的读书人。自己儿女上街，连一套像样的衣服都没有。范公去世的时候，家人连一口好的棺材都买不起，这是圣贤的风范。圣贤常心怀爱人、敬人的心，心里没有自己，完全都是为大众着想，大公无私，所做都是"与宜多，取宜少"。

凡人念念都想着自己，聚敛财物不肯布施。财物是自己的吗？从古到今多少大富大贵的人，哪一个人临命终时能把他的财物带走？真的是"万般将不去，唯有业随身"，两手一摊还是赤条条地走。能带走的是他放不下的苦恼。而且越有财富的人就越放不下，反而不如一个贫贱的人。贫贱的人走的时候能做到安然、自在，因为他没东西，所以能放得下，他的走反而是一种解脱。富贵的人，被荣华富贵所牵连，走的时候，反而最苦恼。

古人讲，人是不是真有福，还要看他最后临命终时。民间讲五福，五福是"富贵、康宁、长寿、好德、善终"。善终是一福。什么人真正得善终？放得下的人得善终。走的时候放得下，必定是平时把财物就看得开，一定是好善乐施的人。因为他懂得种福，布施是种福。福，如同银行里的存款，越积越多。享福，就把钱给用了，只享福不种福，如同银行里的存款越用越少，用到最后福没了，何来善终？

有智慧的人，勇于布施。在物欲横流的今天，有一些大富之人，也懂这个道理。例如，世界首富比尔·盖茨，他是微软的创建人、总裁，也是乐于布施的人。他曾说，在有生之年，将百分之九十五的财产，全部捐献给社会。他主要捐献的项目是少儿的医疗以及教育。他已经捐助了三百亿美元以上的财物，大约是他财富的百分之四十，离他的目标还有一段路程，但是他有这样的计划已经很难得。他说，绝对不给自己的儿女留下很多财富，要把百分之九十五的财产都布施出去，换句话说，只留给儿女百分之五。这种人是智慧的人。

司马光说，"积金以遗子孙，子孙未必能守"。给儿女留下财产，他如果没有福分享用，财产很快就会消失殆尽：或者天灾人祸给消耗掉，或者儿女没有德行是败家子，财产再多都给你败完。又说"积书以遗子孙，子孙未必能读，不如积阴德于冥冥之中，以为子孙长久之计"。积阴德给子孙，这才是真正替子孙着想。如何积阴德? 就是"与宜多", 多奉献他人, 多回馈社会。当今社会, 人们最需要的就是心灵的回归, 帮助人最好的做法, 就是弘扬圣贤教育。因为现在社会动乱已经是全球的问题, 每一个国家, 都面临着伦理道德衰微的景象。原因就是, 没有圣贤教育。圣贤教育, 是仁慈博爱的教育。大家接受了这种教育之后, 才懂得自爱, 才懂得爱人。社会才能够安定、和谐。如果能够在这方面帮助社会, 功德最大。

一个人的财富布施出去了, 是不是就没有了? 不是的。谚语讲得好"命里有时终须有, 命里无时莫强求"。你命里真正有财富, 你把它布施出去, 它还会再来。就像把钱存到银行里, 到时候还有利息, 来得更多。中国人想要发财, 民间都拜财神。但是要明了财神是谁, 他为什么会发财, 了解这个, 拜才不是迷信。财神就是春秋战国时代的范蠡。

越王勾践, 他的越国被吴国灭了。勾践卧薪尝胆三年, 励精图治, 艰苦奋斗, 灭了吴国, 雪恨了, 越国得到复兴。勾践的两位大臣, 一位是文种, 一位是范蠡, 俩人是好朋友, 一同辅助勾践灭了吴国。范蠡知道勾践这个人, 可以共患难, 不能共富贵, 于是就劝文种一起逃离越国。范蠡告诉文种"狡兔死, 猎狗烹, 飞鸟尽, 良弓藏, 敌国破, 谋臣亡"。我们已经辅佐勾践, 帮他成就了这个事业, 现在赶紧走, 不走可能引来杀身之祸。结果, 文种没有听范蠡的劝告, 范蠡只好一个人离开了越国。

文种果然被勾践赐死。范蠡逃到了齐国, 隐姓埋名经营一个小生意维持生计。因为他有智慧, 所以很快就赚到很多钱。当时有的国家仰慕他的贤能，请他去做宰相。范蠡淡泊名利，他知道家里富贵，而且身居高位不是好事情。古人都懂求缺，富贵到了极点，往往有不祥出现，就像月亮到了满月之后，就开始亏损，都是同样的道理。因此，范蠡又辞别了齐国，把财产全部布施给贫穷人，自己又到了另外一个叫陶的地方，来到陶之后，他又改姓朱了。然后又白手起家，开始经营生意，很快又变成大富，然后又布施出去。他一生三聚三散，他善发财，更懂得散财。知道财散得越多，来得越多。后人称他陶朱公，尊为财神。神，意思是有智慧、有能力的人。我们说某某人都神了，意思就是说他非常有智慧、有能力。范蠡能赚会花，一点不执著，执著就被财所转，就不是人赚钱，是钱转人了。称范蠡为财神很有道理，教导我们如何发财，"与宜多"，多奉献就发财，天道好还。

《大学》说，"财聚则民散，财散则民聚"。聚敛财富不肯布施的人，他一定不得民心，会招人深恶痛绝。因为这种人为富不仁，只知道自己聚敛财富，对他人有难视而不见，终究会引起民怨。如果有一天，他家里着了大火了，百姓不但不会帮他救火，说不定还会在旁边看热闹说，"烧得好，就该烧他家"。因此，真正有智慧的人，用财富来帮助民众，一定会受到民众的爱戴。

战国时代有一位孟尝君，家中养了三千食客。这个人很重视人才，其中有一位食客，来了以后，什么事都没做，但孟尝君依然很厚待他。这位食客姓冯名谖。冯谖有见识、有智慧，只是没有机会显露自己的才华。孟尝君因为家里养了很多食客，开支也很大。他把家中的田地都租给了百姓，靠收田租来维持家业。有一年，孟尝君找人去收租，有人推荐冯谖，于是冯谖就领命去收租。临走之前，就问孟尝君："我现在代您去收租，您想要我从乡里买些什么东西回来？"孟尝君当时没想到要买什么，就说："你看我们家缺什么，就买什么吧。"冯谖来到孟尝君的家乡之后，大摆宴席，把所有的佃户全部招来，然后一一检查佃户们的租金和他们偿还的能力。佃户们来吃饭也很高兴，饭桌上冯谖就说："凡是穷户，没有能力缴租的人，全部免租，有能力偿还的就偿还。"说完之后就把这些佃户分成贫富两类，把穷户们的租契、契约全部当众烧掉了，此举令当地老百姓欢呼、感恩。

冯谖回到孟尝君那里，孟尝君问："你这次去给我买了什么？"冯谖就告诉他："我把所有穷佃户的契约都烧掉了。"孟尝君一听，非常生气："什么？你怎么可以把我的这些契约烧掉，我家里养了这么多食客，支出从何而来？"冯谖就告诉他："这些穷佃户，他交不起田租，你要逼他还，可能逼得他背井离乡，你也会因此落得一个为富不仁的恶名。我现在把这些田租的契约烧掉，就是给你买回一个'义'字，买回了民心。"孟尝君一听，觉得有道理，尽管心里还不能完全服气，想想也就只能算了。后来孟尝君因为国家政治的变故，离开了国都，回到了家乡。结果，发现家乡的老百姓，拖男带女走到很远的城外，来迎接孟尝君。此时的孟尝君点头说："我这个时候才知道民心的宝贵。"所以"财聚则民散，财散则民聚"。

《大学》说，"与其有聚敛之臣，宁有盗臣，此谓国不以利为利，以义为利也。"臣，是部属、员工、国家的政府官员。这是说，与其有懂得聚敛钱财，懂得搞经济，增加税收，充实国库的人，不如有盗臣。这话说得很厉害，盗臣是偷盗国家财产的人。因为国家应该有的是贤臣，以爱民为己任，心里有老百姓，把老百姓当作自己的家人、儿女这样去爱护，这种人称为贤臣，他们首先想的是如何帮助百姓，因为国以民为本。然而，光是为了充实国库，充实自己单位的财库，却不管老百姓的生活状况，这种人是聚敛之臣，称之为小人。他这么做，很可能是为了得到上级的欢心，用业绩来表现他的能干，而没有把百姓看成是自己的亲人，这种人真的不如盗臣。因为他有盗心，他用自己的职权，来表现所谓的能干，来让自己的仕途顺利，将来能够升官发达。这种盗心，称之为不仁。

一个有智慧的国家领导人，要识别这两种人，用贤臣，是真心真意为人民服务的，而不用聚敛钱财之盗臣。两种人不同的是，一个为公，一个为私。身为国家领导人，不要以聚敛财物，充实国库为目标，应该以民生为目标。真正为百姓服务，让百姓过上好日子，这是仁君。有仁慈的领导人，必定就会用贤臣。不仁之君，必定是用小人，用聚敛之臣。

国家如是，企业也如是。企业的领导人要处处关怀自己的员工，部门经理要用什么人呢？真正爱护员工的贤臣。不能只图企业增加经济效益，令员工有很多怨言，这样的企业不能长久。因此，治国也好，管理企业也好，不外乎就两桩事情，一个是用人，一个是理财。人用好了，财也就理好了，这个团体，这个国家必定能治理好。

《大学》云，"是故君子先慎乎德。"君子先要修德，为什么要修德？"有德此有人，有人此有土，有土此有财，有财此有用，德者本也，财者末也。"这是告诉我们，要治理好一个国家，或者治理好一个企业，乃至一个家庭，都是先以德为本，有德行自然有人，人家就服你，就愿意跟你干事情，你就有忠臣、有良将。

"有人此有土"，"土"是指你的资产，因为资产是人创造的。有资产就有财，就是现在所说的有资金。有现金流量了，你才能够有所用，来达到你的目标。企业应以什么为目标？应以服务社会为目标，不应该以赚钱为目标。以服务社会为目标，这就是有德，有德就有财。就像一棵大树，地下树根很牢固，树就高，枝叶就茂盛，那个根就是德，财富就是枝叶，必定先有德才有财，"德者本也，财者末也"。

君子慎乎德，"德"之根本在于孝道，"孝，德之本也"。世间很多富贵之人都是孝子。如华人首富李嘉诚，读他的传记，知道他也出身贫寒。他是潮州人，抗战期间全家从潮州流亡到了香港。他的父亲过世时，李嘉诚弟弟、妹妹还小，14岁的李嘉诚就出去谋生，担负起养家糊口的责任。尽管生活很艰难，但是他有孝心，一心一意为了母亲，为了弟弟、妹妹，他工作非常努力，因此激发出智慧，人的才华能力都是激发出来的。慢慢地企业越来越大，发达起来了，李嘉诚成为华人的首富。他之所以有这样的成就，根本还是因为有孝德，"德者，本也"。要知道枝叶必定有根，没有根的枝叶，不能长久。

前段时间，中国有一位富商，因为操纵证券市场而锒铛入狱。所以，如果没有德行，只注重钱财而不注重道义，无视法规，这样的富贵不能长久。还有不少大富大贵的人，都没有到老就离世了，这是因为他的德不够厚。

"凡取与，贵分晓"，这里面还有一层意思，就是告诉我们经营要有正道。凡是不义之财就不能取，得到财富，要看来路正不正，得到的方式合不合法。不合乎道义的财富，我们绝对不能要，这是护我们的德。

一个真正有道德之人，自然有一种长久的眼光。他不会谋不义之财，不会搞短期行为，所以他能够经营长久。搞短期行为的人，最后只会落得个身败名裂的下场。亦如美国第七大能源公司安然公司，多少年的基业毁于一旦，而且就毁在公司的CEO那几个人的手里。那些总裁为了谋取自己的利益，做出一系列的诈骗行为。而他们的下场，有的自杀，有的被判二百多年的终身监禁。其中一个主犯面临着275年的监禁。这一辈子坐不完的牢，下一辈子、再下辈子还要继续坐。

因此《大学》告诫我们，"是故君子先慎乎德"。治国、治企业、治家，在用人和理财两个方面要有好德。

将加人　先问己　己不欲　即速已

这是待人之道。这是世界上所有的宗教，所有的传统文化，都认同的一个原则，因此称为黄金法则。你要加在别人头上，先问问自己愿不愿意接受，不愿意别人加给我，我也不能够把它加给别人。所以黄金法则的英文是，Golden rule: Treat others as you would like to be treated.也就是"己所不欲，勿施于人"。这是世界所有宗教乃至联合国都承认的。

中国几千年前，孔子提倡"仁"，仁道、仁爱。"仁"，人字边一个二，是代表两个人，两个人为一体，一个是自己，一个是代表所有的人，自他一体，是"仁"。如果自己与别人还有分别，甚至还会起利益上的冲突，起摩擦、对立，就没有仁了。仁没有了，一体就被破坏了。仁，代表了宇宙的真相，宇宙本来是一体的，这是"道"。道本来是没有形象的。用这个"仁"字作为代表。因此真正懂得仁，懂得自他一体、自他不二，这样的人必然能做到"己所不欲，勿施于人"。

孔子在《论语》里至少三次讲到"仁"。第一次，"仲弓问仁"。仲弓是孔子的学生，问仁的意思。"子曰，出门如见大宾，使民如承大祭，己所不欲，勿施于人。在邦无怨，在家无怨。"仲弓曰，"雍虽不敏，请事斯语矣"。孔子说，出门"如见大宾"，这是指出外。无论是做事还是会客，亦或出差，都要有至诚恭敬的态度，如同会见重要的客人一样。使用民众，例如老板在企业里雇用的员工，要"如承大祭"。也就是说，对待员工如同在做一个大祭祀的典礼那样的郑重，这是对人的恭敬。对人、事的恭敬心是一样的，是平等的。做事恭敬，对员工也是同样的恭敬，这样，员工对老板必定忠诚。人人都希望被人恭敬，希望自己被人恭敬，就要用同样的恭敬心对待别人。不希望别人不恭敬我，我也不可以不恭敬别人，"己所不欲，勿施于人"，这样方能做到"在邦无怨，在家无怨"。"在邦"是指在政府、在机关团体、在企业，无论是在外面为社会服务，还是在家里工作，为家人服务，都没有怨恨。因为你恭敬人，绝对不会轻贱别人。

仲弓听到这句话马上说，"雍虽不敏"，"雍"是他自称，仲弓名"冉雍"。他说，虽然自己并不聪明，但是愿意努力落实夫子的教诲。这是真正求学的态度，儒家的学问不是用来谈，不是挂在嘴皮上，而是真正落实要去做的。仲弓的态度是真正在学儒，不是在搞儒学。搞儒学的人写论文可以，讲课滔滔不绝，但是圣贤人的教诲，没有变成自己的生活行为，那样的学问得不到圣贤之乐。因此一定要学习仲弓"请事斯语矣"。

北京有一个大公司的老板，带领员工一同学习《弟子规》，他对员工很仁慈，把员工当作儿女一样看待，不仅提供他们好的待遇，而且教导他们如何做人。这样，员工的父母都很感动，为儿女能在这个公司上班感到高兴，知道这是个好老板。公司有一位员工的老父亲生了病，是癌症。因为当时他们没上医疗保险，因此医药费都要自己出，致使家庭负担很重。这位员工很忠诚于老板，家里有事情不忍说出来，怕说出来之后，老板一定会慷慨解囊，他不忍心让老板承担这个负担。结果这位员工的父亲瞒着自己的儿子，给老板写了信，倾诉了家里的困难。老板知道以后马上拨出钱，派人送到他们家，帮他们解决了医药费，这是真正好的老板，"使民如承大祭"，对员工都非常爱护、珍惜。不愿意自己家里人有困难，他也不忍心看到员工家里有困难，"己所不欲，勿施于人"，因此他在企业无怨，不仅是无怨，大家上下一心。他的这个企业做得很好，因为老板有德。《大学》云，"有德此有人"，你有德行，大家就会死心塌地为你工作，忠心耿耿，即使是公司出现了低潮、困难，员工也不会背弃老板，这是管理方面的高境界，所用就是一个"仁"字。

古人云，"君仁则臣忠"。君就是领导，领导仁慈，对下属仁爱，下属对老板、对领导自然就忠诚。有什么因，就得什么果。英文讲得好，What goes around comes around。"种如是因，就得如是果。"种善因，就得善果。种不善之因，必定得恶果。《尚书》云，"作善降之百祥，作不善降之百殃。"一个人行善好施，就很吉祥，很有福气，这是自然的召感。行不善，自然有灾殃，这是天道。

《论语》中第二次提到"仁"，"子贡问曰：有一言而可以终身行之者乎？"子贡是孔子的学生，他问："老师，有没有一个字，可以让我们能够终身奉行？"把这个字做好，成圣成贤都有份。孔子说，"其恕乎，己所不欲，勿施于人。"孔子说"恕"，宽恕、饶恕的恕。上面一个如，下面一个心，如其心。意思是别人心里想什么，你与他想的一样，这是如其心。"恕"的意思与"仁"的意思是一样的，整个人类都如一心。"仁"是自他同体；"恕"是自他同心。同一个心性，没有二心，同一心源。这个心我们称它灵知心，也称为良心，也就是《三字经》里讲的本性。

世界、宇宙如何来的？都是同一个心性所变现的，佛法讲"万法唯心所现"。万法就是宇宙一切的现象，都是同一个心源变现出来的，所以一切众生就是同一个心。如果我们能够如其心，以众生之心为心，这就是圣贤。范仲淹所说的"先天下之忧而忧，后天下之乐而乐"，虽然他讲的没有佛法深，已经有点儿意思。佛教讲，佛菩萨能够应众生心现所知量。众生喜欢什么，他就变现什么来帮助众生，佛教称之为慈悲，这是如其心，是"恕"，是"仁"。这是夫子教给子贡的心要，这种境界是圣贤的境界。

孔子说"尧舜犹病诸"。尧舜是圣贤，他们都在为自己没有达到圆满的仁道而忧患。所以这是圣贤追求的最高境界。这就是自他一体，就是证入众生同一的心源。佛法叫作明心见性，见性就成佛了。佛是最高的，成佛是什么？就是见性了，就是明心了，彻悟本源了。这是《论语》第二次讲"仁"。

第三次还是子贡问，"子贡曰，我不欲人之加诸我，吾亦欲无加诸人"。子贡很好学，夫子讲恕道"己所不欲，勿施于人"，子贡就真正去奉行。这句话是他的学习心得报告，他说，"我不希望别人加诸我，我也不能够把我不愿意的加给别人。"孔子听了子贡的话说，"赐也，非尔所及也"。孔子说得非常不客气。"赐"是子贡的名——端木赐。孔子说，"端木赐，这种境界你还没达到，这不是你能够达得到的。"这种境界就是仁的境界、恕的境界，也就是圣贤自他一体，宇宙万物与我一体的境界——我们学习的最高目标，能够真正进入了一体的境界，那就是圣贤。

恩欲报　怨欲忘　抱怨短　报恩长

这是讲，别人的恩我们要常常记在心里，要常常想着报恩。别人如果对不起我，怨恨不可以记在心里，要把它忘掉。抱怨的时间短，报恩的时间长。短和长推到极处，就是不能够抱怨，应该报恩。滴水之恩，都要以涌泉相报。心里面只有恩义，没有怨恨，这种心境是大自在，海阔天空的境界。一个不知道恩义的人，说严苛一些，真的是还不如禽兽。而报恩，要知道谁对我们的恩最大？是我们的父母。父母的恩都不报，还能报谁的恩？

新闻报道里讲到警察学校的一位同学，他的母亲患了尿毒症，而且要换肾。因为家里很穷困，这位22岁的警校学员，要把自己的肾捐出一个给他母亲，但是手术的费用也很大，家里依然付不起。于是，这位同学就在报纸上登了一个卖身的广告。如果有人能够为他的母亲负担医药费，他愿意为他打10年工，为他服务10年。大家看了这则广告之后，都非常感动，纷纷伸出援手帮助这位警校的学员。贫困家庭的人懂得父母恩德，懂得知恩报恩，富贵家庭的人更应该懂得对父母的恩德。

在四川省成都市，曾经报道了一则消息。一个19岁的孩子，因为家庭很富有，出门有私家车，还有人为他开车，所以，从来没有挤过公共汽车，也从来没有在街上买过一个饭盒，都是家里人做好饭菜，而且几乎每天都是宴会。有一天，不经意间，他看到自己的父亲头发已经花白了，他感到心里一阵酸楚。突然想到父母把我养大很不容易，付出了多少的艰辛，现在父母头发都白了，这是良心发现。于是他就不再坐私家车，开始去挤公交车。中午在街上就买五块钱的盒饭吃，买最便宜的饮料喝，他不愿意去浪费父母的钱。而且他为了体验生活的艰辛，决定做一天的乞丐。身为富家子弟他去乞讨，体验一下生活的艰辛。人，只有经受过苦，才懂得报恩。从此，这个富家子改掉了花钱大手大脚的坏毛病，改掉了骄奢淫逸的作风。并且他呼吁青少年要珍惜父母的血汗钱，不要乱花钱，要常常想到父母的恩义、恩德，不要沉迷于网络、吸烟等不良的生活习惯。这位同学的幡然悔悟，是值得我们赞叹和效法的。

"怨欲忘"，别人做对不起我的事要把它忘记，不要耿耿于怀。耿耿于怀其实是对不起自己，是糟蹋自己，何苦来? 不能宽容别人，对别人不好，对自己更不好。网络上有一则故事，讲到一对夫妻。这对夫妻，先生出生在一个穷苦农民家里，女方是当地政府要员的千金小姐，两个人在大学里相爱，后来结成夫妻，这真有点像现代版的七仙女下凡。女方下嫁到男方工作的地区，一起生活也很恩爱。先生很能奋斗，很快就平步青云，当上了年轻的县长。有了名利，人就容易变节。本来夫妻恩爱，妻子也非常体贴丈夫，是一个贤妻良母，先生原来也很忠诚。但是做官后，就有一位更年轻美貌的小姐追求他，最后这两个人就越走越近。有一天，当妻子回到家里，就发现这两个人在做不宜的行为，那个小姐满脸羞愧，但是这个妻子修养很好，并没有去责怪她，反而很平淡地放她走了。

但是，从此之后，这个妻子就对丈夫不再说一句话了。先生非常地惭愧，痛心地忏悔，知道自己对不起妻子，真的是忘恩负义。每天向她跪下来忏悔，但是妻子不原谅他。有客人来了，就装出一副很和谐的样子，夫敬妇和。两个人在家的时候，妻子从不理会丈夫。如此过了12年。结果有一天，这位妻子对她丈夫讲，这是十几年第一次开口, 主动向她丈夫说话。她说: "我得了乳腺癌, 已经是晚期了。"这位先生听了之后非常震撼, 抱住妻子失声痛哭, "为什么你不早说出来, 为什么你糟蹋自己, 我们可以早点儿治疗啊……"后来这位妻子就去世了, 临死之前她对丈夫说: "我这12年对你一直没有原谅, 现在想起来也不对, 不应该这样。我走了以后, 你可以再娶一个。"她丈夫听了之后, 更加悲痛, 更加内疚。妻子死了以后, 丈夫又得了胃癌, 没过多久也过世了。过世之前, 他对自己的女儿说了一句话, 令女儿莫名其妙, 他对女儿说: "我最大的欣慰就是, 你母亲最后原谅了我。"后来医生告诉他们的女儿, 说她父母两个人患癌症, 都是因为长期以来内心抑郁、忧郁所致。

一对本来很恩爱的夫妻, 男方因为被欲所迷, 干出了忘恩负义的事情, 固然是可恶。但是他后来悔改了, 知错能改, 不错了。可惜这位女士没有原谅他, 不能以宽恕的心对待丈夫, 导致最后两个人都因长期忧郁患上了癌症。"怨要忘", 要能宽恕别人。如果没有宽恕的爱, 也要能够互相原谅对方的过失。夫妻的爱, 当然首先要懂得互相报恩, 要有恩义, 否则在一起就是互相折磨。"恕"是圣人的境界。

老子在《道德经》中说, "和大怨, 必有余怨。安可以为善? 是以圣人执左契, 而不责于人。"这是讲, 要和解大的怨恨, 应从什么地方化解? 要从心上化解。如果不能从心上化解, 表面上虽然好像互相也客客气气还在一起, 大的怨看起来没有了, 还有余怨。余怨在心, 这就不能叫作善了。善是什么? 幸福圆满称之为善。因此圣人是"执左契，而不责于人"，圣人是只管自己这一半，就是负责自己这一边的事情。样样都管好自己，不要责怪别人，尽自己的义务不要求别人，这是圣人的境界，这是恕道。

要知道，怨恨从何而来？从情执而来。师长曾经讲过"怨生于情执，情执生于迷失自性"。为什么有怨，因为有情执，当情执得不到满足就有怨。情执生于什么？生于迷失自性。就是说，我们迷失了心源，迷失了本性。而自性本无迷妄。自性本觉、本善，何来迷妄？既然自性里没有迷妄、没有情执，也就没有怨。怨从哪来？怨来自虚妄，是自己放不下妄念，放下了就没有了，就得大自在。不肯放下，虽然是虚妄，但是它能起作用，起作用就麻烦了。所以，家庭、国家、种族、宗教、世界各地的冲突，为什么天天不断？有怨。

我经常有幸跟随师长参加联合国的和平会议，听到师长把冲突的根源指点出来，真的是高明。师长说，冲突的根源在哪里？在我们内心。要解决世界的冲突，必须要放下内心对一切人、事、物的对立。内心放下了这些对立、冲突、矛盾，外在的冲突就没有了。

古人云，"仁者无敌。"真正仁慈的人，心目中没有敌人。因为仁爱之人，只有爱人的心，没有敌对的心，没有怨恨，因此他无敌，真正能得到心地的解脱自在。

待婢仆　身贵端　虽贵端　慈而宽

这是讲对下属之道。奴仆、婢女统称仆人。现在可以解释为下属、下级，或者是晚辈，或者是我们的学生。总之，身份、地位都比我们低的这一类人。对待这些人我们要"身贵端"。我们的言行举止要端正。我们每一个人在社会中，都应该扮演三种角色，一是君、二是亲、三是师，这就是古人所谓的"君、亲、师"。"君"是领导、上级，他的责任是领导下级、下属，带领他们；"亲"是父母家长，把下级、下属当作儿女一样看待；"师"是老师，就是为下级、下属做一个好榜样，教导他们做好人。我们要教导他们，我们必须自己要行得正。这就是"身贵端"。

一个企业的领导，他要领导好这个企业，首先自己要有良好的品行。所谓"己身正不令而从"，领导做得正，下属看到了，必定要向领导学习。如果我们自己没做到，心口不一或者是言行不一，这样就很难服众。不仅对下属如此，我们每一个人都承担着君、亲、师的责任。比如一个企业的员工，他就可以做君、亲、师。这个岗位里，他用道德带领大家，这是做君。他对自己的同事关怀、照顾、很有爱心，这就是做亲。常常用圣贤之道，把做人的道理为人演说，"演"就是表演，做好榜样，"说"就是把它介绍给大家，这就是做师。因此无论你是在哪一个行业、哪一个岗位，都可以也都应该做君、亲、师。

身为领导、师长，待下属"虽贵端"，还要"慈而宽"。慈是仁慈,宽是宽厚。对待下属晚辈,不可以太过苛刻,应该以德服人、以礼服人。

南京有一个公司的董事长和总经理,曾经听过"幸福人生讲座"。听完之后很感动,马上让下属、员工都来听课,并且决定要在企业中落实君仁、臣忠。所谓"君使臣以礼,臣事君以忠",就是领导对下属要礼敬,要爱护他们,这样下属必定会对领导忠诚。董事长和总经理决定,每天早上,在这单位门口,向每一位员工鞠躬,迎接他们到单位工作。上行下效的结果是,员工也就变得彬彬有礼,互相之间也能鞠躬。当我们身子弯下去的时候,那礼敬人的心,就油然而生了。这是形体动作帮助我们生起了这颗谦恭的心。

领导对员工关怀了,员工们也就越来越体贴领导。往常,公司饭堂里打饭总会有大家拥挤的情况,不太讲礼貌和谦让。而且还很浪费,几乎每一位员工吃饭都会剩一些饭菜,致使泔水桶里装满了剩饭剩菜。不知道应该爱惜企业的财富,不知道应该爱惜粮食。大家学习《弟子规》以后,员工在打饭的时候自觉排队,整齐规矩,而且互相礼让,绝不抢队。吃饭之前也都念感恩词,感恩父母养育之恩,感恩领导的恩德。饭后碗里干干净净,浪费的现象完全没有了。渐渐地泔水桶的剩饭菜越来越少,最后连泔水桶都撤掉了。

从这个例子我们看到,公司领导必须自己身体力行,传统文化是要我们去做的,我们做到了,才能够感化别人,感化自己的下属。现在这个公司真的是和乐融融,领导关心员工,员工们关心领导。甚至员工之间，都能互相关心他人的家属，家和万事兴。这是学习《弟子规》以后，公司上下得到了最大利益。

势服人　心不然　理服人　方无言

这是讲，我们对人要讲理，不能以势压人。如果是仗着自己的权势，仗着自己家里有钱、有地位来压服人。虽然表面上他被你的威势所压倒，但是心里并不服。如何才能让他信服？一定要把道理摆明，晓之以理，这样他才能做到心服口服，达到"方无言"。

在海南省海口监狱，监狱的领导们认识到，传统文化对改造服刑人员会起到很好的教育效果。于是海南省司法厅的副厅长兼监狱局局长张发同志，就率先学习《弟子规》。之后，单位就要求干警们都学习《弟子规》，不仅会念、会背，而且要求条条做到。干警们首先做到，再用《弟子规》去教导服刑人员，尤其强调注重孝道。监狱里面的服刑人员当读到《弟子规》"入则孝"这章时，听了老师讲的课，个个都感动得泪流满面，知道对不起父母，决心重新做人。

在监狱里，有一位自愿来教学的张老师。张老师为了能和服刑人员更好地互动，就住进了监房里，与服刑人员一起作息、一起生活。一边自愿"坐牢"，一边在监狱里给服刑人员讲课。张老师对服刑人员非常礼敬，像对待自己的兄弟姐妹那样有爱心。有一天他讲课的时候，座下有两个服刑人员因为一些矛盾，竟然在课室里吵起来，甚至要动手了，旁边站着的干警正准备上前制服他们。这个时候，张老师马上向干警和全体的服刑人员鞠躬、道歉，他说："这都是我自己课讲得不好，才让他们不专心听课，起了冲突，也让大家受了影响。""行有不得，反求诸己"，张老师向大家道歉的行为，立即引得课室里所有服刑人员鼓起掌来，大家被张老师的这种真诚所感动，非常佩服。

后来，张老师的父亲患了重病，而且已是病危，张老师要离开监狱，回去照顾父亲。大家知道张老师是义务为大家来讲课，没有收入，所以服刑人员都主动自发地为张老师捐款，有的人捐几十块，有的人捐几块、几毛，这样集凑了几万块钱，寄给张老师的父亲。张老师的父亲接到这些服刑人员的捐款，非常感动。当我们用爱心、用真诚来对待服刑人员，他们会被感动。人，都有好善、好德之心，他们可能因为从小缺乏伦理道德的教育，又加上一时糊涂，做错了事情，如果能够通过圣贤教育，是可以把他们教好，可以把他们变成好人的。

很多监狱的领导们常常抱怨说，服刑人员非常难改造，而且当他们刑满之后，回到社会上很有可能再度犯罪，又会被关进监狱。因此教育者一定要懂得以理服人，而不是以势服人。用强制的手段，很难起到好的教育效果。真正把传统文化道理讲清楚，而且像海南监狱的领导、干警们那样，首先自己学，自己身体力行，再去讲这些道理，服刑人员真正会心服口服。如果说服刑人员是社会上最难教化的人群，那么连他们都能教化好，还有什么人不能教好？

第六篇　亲仁

第六篇"亲仁"。这一篇,是讲要亲近仁德之人,亲近有智慧的圣贤君子。我们这一生希望能够得到幸福的人生、成功的事业,甚至进德修业,成就圣贤的人品,亲仁就非常重要了。我们在学习的道路上必须要有良师益友。

同是人　类不齐　流俗众　仁者希

这是讲,我们都是人,因为每个人的习气不一样,所以类别也就不齐了。总是凡夫俗子居多,而真正仁德君子很少。要知道这里讲的"类不齐",不是讲本性,而是讲习性。《三字经》讲,"人之初,性本善,性相近,习相远。"人本来本性相同,与圣贤没有两样,但是习性不一样,因此"类不齐"是从习性上来讲的。

孟子说"人皆可以为尧舜"。孟子讲性善,说每个人都可以成为尧、舜那样的圣贤。既然本性上我们与尧舜圣贤没有两样,为什么又会有类不齐的现象?原因就在于我们后天所受的教育不同。《三字经》讲"苟不教,性乃迁",一个人如果没有接受良好的圣贤教育，原来的本性就会被蒙蔽，不良的习性就会增长。我们了解了这个状况，就要有信心做圣贤。只要通过学习，改造自己，把不良的习性放下，放下了之后本性现前，那就是圣贤。

在现代社会，圣贤教育非常衰微，伦理道德大家都不讲求，因此人们受的污染就非常严重，造成的结果就是"流俗众，仁者希"。"流俗众"是指一般凡夫俗子，心无大志，每天都是为着一己私利而活着的饮食男女，称为流俗。"仁者"是谁？仁者是没有私心，真正大公无私的人，他把一切人一切众生看成是自己，这是仁者。这是我们本来的面目。自私自利的观念是错误的，有了这种错误的妄念，必然人生就会痛苦，就会有诸多不顺。当今社会，一般大众真的都是生活在痛苦烦恼之中。仁者完全没有私心，他与宇宙万物同体，他乐。孔子云，"乐以忘忧"。很可惜因为我们没有受到教育，造成了观念错误，让我们很冤枉去受这些苦恼，所以就不能不学习圣贤教育。我们非常感恩古来的圣贤为我们开显本性本善，告诉我们这条恢复本性的道路。所以，我们要亲仁，要亲近圣贤，向圣贤学习。

想一想，自己是仁者，还是流俗之人？如果还有自私自利，还一天到晚为自己打算，那就是流俗之人。想当仁者，不难。孔子说，"仁远乎哉？我欲仁，斯仁至矣。"孔子说："仁远吗，我要当一个仁者难吗？"不难。我想要当仁者，我想要行仁道，仁道就在眼前。观念一改，就从流俗之人变成仁者。关键是我们要放下错误的观念和执见，常常能提起圣贤的教训，仁就在眼前。

比如在路上，刚想吐痰的时候，痰到了嘴边马上提起正念，不可以随地吐痰，要爱护环境，就把痰吐到纸巾上，这就是"斯仁至矣"。想行仁，就在这一刹那，你就是仁者。又比如，走在路上看到广告的画面不够雅观，或者在家里，看到网络上都是污秽的画面，马上就停止，不看也不去想，这就是"斯仁至矣"。又比如刚刚想发脾气、想骂人，话到了嘴边，马上把它咽下去，这就转变了。看到了不义之财，不应该要的钱，刚起一个贪念，立即把它压下去，这就是行仁道。甚至小到我们坐在椅子上，如果身体坐姿不正，脚在那儿晃动，或者想把脚放在凳子上，正想用脚把凳子勾过来，突然意识到不可以这样做，要坐有坐相。想到这里，立即就把姿势放正，这就是行仁道。在我们日常生活中，时时刻刻提起正念，这是"欲仁"。想要行仁道，仁就不遥远。

何谓仁？孔子的学生颜回曾经问孔子，"颜渊问仁"。什么是仁？"子曰，克己复礼为仁。"何谓仁？把自己的坏毛病、坏习气克制住，不让它现行，而且遵守古圣先贤的教诲，恢复自己的本性本善，这就是仁。孔子接着说："一日克己复礼，天下归仁焉。为仁由己，而由仁乎哉。"说得好，我们自己每天能够做到克己复礼，能够遵守圣贤教诲，我们从自身开始，使家人受到感化，继而使单位的人受感化，渐渐地影响到社区、国家，最终使世界都能受感化，则"天下归仁"，我们就能够影响天下人。古人教导我们，治国平天下要从修身开始，身修才能家齐国治天下平，方能"天下归仁"。行仁道，是自己的事，"为仁由己"，不靠他人，靠自己。

"颜渊曰，请问其目。"请问老师我要行仁道，纲领是什么？

要注意什么？如何行法？夫子回答，"非礼勿视，非礼勿听，非礼勿言，非礼勿动。"原来，行仁如何行？有四条。不符合礼的，与善不相应的，与圣贤教诲不相应的，我们不看、不听、不说，更不可以做，这是克己复礼。非礼是指我们的习气，我们要把它克制住，克制住非礼，自然与礼相应，也就是在复礼了。

即使一个人的时候，在暗室屋漏中，也要克己复礼，这是真正的仁。孔子讲"为仁由己"，这是自己的事情，别人在场不在场，是否有人看到我，我都一样。在暗室中，也不愧对自己的良心。"非礼勿动"，不仅是身不动，心也不能动。那些贪、淫、瞋恚、怨恨、嫉妒、高下、傲慢、对圣教怀疑，种种恶念都不能动，这方能称为"非礼勿动"。真正能够这样做，就与圣贤不远了。"仁远乎哉？"不远矣。

颜回听了善言之后，立即行动。"颜渊曰，回虽不敏，请事斯语矣。""回"，这是颜渊自称，我颜回并不聪明，但是我一定要按照夫子的教诲去做。

果仁者　人多畏　言不讳　色不媚

这是讲，果然是一个真正的仁者，有圣贤品格，一般人看了反而会敬畏他，甚至会害怕他。一般人、流俗之人为什么会敬怕他？因为他"言不讳，色不媚"。他言语决不会讲客套、忌讳，或者是讲阿谀奉承的话，也不会讲花言巧语，花言巧语称绮语。他一是一，二是二，说话实实在在，不会打妄语、故作掩饰，不会说心口不一的话，有时候讲起话来直言不讳。他的脸色、容貌不卑不亢，绝对不会显示出谄媚巴结，或者奉承的样子。

仁者的行为为什么会这样呢？因为仁者的心清净，与人无争、与世无求，所说的都是利益大众的话，利益大众的话不一定好听，古人云，"忠言逆耳利于行，良药苦口利于病"，真正忠言可能不好听，但是听了之后能够接受、能够照做就有好处。因此一般人与仁者在一起受不了，觉得仁者这个人，怎么这么难相处，都不懂得客气，对仁者也就敬而远之。但是要知道，不敢亲近仁者，就不能得到提升。我们必须要亲近仁者，这样我们的品德学问才能够提升。

能亲仁　无限好　德日进　过日少

亲近仁者，亲近我们的良师益友，必定使我们得到很多的好处。"德日进，过日少"，道德学问一天天地进步，自己的过失越来越少，能得到无限的利益，让我们这一生过上幸福美满的生活。幸福美满的生活不一定是富贵的生活，但一定是快乐的生活。快乐从何而来？从德。颜回贫穷到极点，他依然是"不改其乐"，因为他有德。我们怎么样才能够亲近良师益友？就是说与良师益友相处，应持有什么样的态度？要至诚、恭敬。所谓"一分诚敬，得一分利益。十分诚敬，得十分利益"，有恭敬心才能够受教。中国传统文化儒释道三家都强调恭敬心。佛门有一部《阿难问事佛吉凶经》，就告诉我们应该如何对待老师。经文讲，"为人弟子,不可轻慢其师,恶意向道德人,当视之如佛。"这是讲,作为弟子、学生,不可以对老师轻慢。何谓轻慢老师?不是说对老师言语态度上轻慢,而是表面对老师很恭敬,行礼作揖、端茶倒水都很殷勤,但是老师的教诲不能依教奉行,那就是"轻慢其师"。因为老师代表道业,我们如果不重道,就是不尊师。而对于老师所讲的圣贤之道,我们要每天反省,努力修学,这样才对得起老师。

对于道德之人不可以有恶意。何为恶意?诽谤的念头,瞧不起他、批评他,或者是嫉妒他,甚至陷害他,这是大错特错。应该把老师、有道德的人看成佛一样。在佛门中,弟子将佛奉为最尊,老师与佛的地位平等,这是对老师的恭敬心。更重要的是,恭敬一定是表现在好学,勇猛的改过迁善上,而不是表面的客气、殷勤。

有智慧真才干的人,老师能看得出来。你不是真学,老师也就不会教你。我们想亲仁,亲近有道德、有学问的老师,必定是把老师的教诲不折不扣地去落实,这才能让老师常住在这里,否则老师不求名不求利,你又不是真学,他住在这里有什么用?他就走了。这是事师之道。侍奉老师,最重要的就是有恭敬心,有好学的心。

我们如何选择老师,要听其言,观其行。我们想要成就道业,就要选择一个有真才实学、有道德学问的老师。选择老师,一定要用圣贤教诲去观察,看他是不是真做到。如果只会说,不会做,那只可以学习他说的圣贤之道,因为说得没错,也可以帮助我们。当然不如找一位能说又能行的老师。一旦找到了我们由衷佩服的人做老师，我们就要对老师有坚定的信心，因为信心非常重要。我们能不能够成就，关键是在于对老师有信心，对自己有信心。如果我们对他不佩服，说明他跟你没有缘分，你也不可能对他的话不折不扣地去落实。

对老师有信心，对自己有信心，就是相信自己本来与尧舜一样，也是可以成圣、成贤的，那么学问道德就一定能成就。老师看到学生真正有恭敬心，他就会把他毕生的学问毫无保留地教给学生。

而在老师传法之前，必定是要考验这个学生的，看他能不能够接受这种道和法。战国末期，有个年轻人名叫张良。张良是韩国宰相的儿子，出身贵族。韩国被秦国灭了之后，张良就很想报复。年轻人气盛，想要去行刺，但是没能成功。结果就逃跑，到了现在江苏省。有一天，张良在桥上遇到了一位老者，这老者是个高人，看到张良来了，故意把鞋踢到了桥下的水里，然后对张良很不客气地说："年轻人，你来帮我把鞋子捡上来。"张良听到这位老者这样说话，虽然不太情愿，但也很同情他，心想："哎呀，一个老人，他让我做什么，我就做什么吧。"古人因为有孝道的根基，他就能尊敬老人。于是张良就下到了河边，把鞋子从水里捡上来。捡上来以后，老人又把脚一伸说："你给我穿上。"张良一看，这老人家真够跋扈的，又想想，对老人要有恭敬心，不要见怪，于是就给他耐心地穿上了鞋子。结果，老人看到张良这样的举动，很满意地笑了。他说，"孺子可教也。"这个年轻人还是可以受教的。于是老者就对张良说:"我有一个大法传给你,五天以后天亮的时候,你在这个桥上等候。"

五天以后,天刚亮张良就来到了桥边,却发现老人已经在桥上了。老人很生气地对张良说,你怎么跟老人家约会都迟到,今天不能够传给你,五天以后,咱们再在这个桥上见面。于是五天以后,张良天没亮就来了,来了以后一看,老人家又已经在桥上了,结果老人家又把他撵回去,说五天以后你再来。结果第五天夜里,张良干脆就不睡觉了,半夜就到了桥边,等了一段时间,天没有亮老人来了,这个时候,老人家点头说:"好吧,我现在就传一部《太公兵法》给你。你读了这本书以后,将来可以推翻秦朝,定国安邦。"

张良接受了这部姜太公的兵法以后,回去认真地学习,后来辅佐刘邦推翻了秦始皇的残暴统治,建立了汉朝大一统的格局,也为自己的国家、人民雪了耻。由此可见,恭敬心、信心、谦卑的心才是受教的心。

"亲仁"不仅是亲近仁德的人,也包括亲近圣贤教育。"仁"也代表仁道。孔子说:"君子无终食之间违仁,造次必于是,颠沛必于是。"这是讲,一个君子,哪怕是在衣食住行、日用平常之间都不能违反"仁"。时时刻刻都不违背仁道,这是真正亲仁。"造次"就是在急促、匆忙的时候;"颠沛"就是困苦受挫折流离失所的时候。这些时候都能够不违背仁道,这是真正行仁道的君子。孔子说:"苟志于仁矣,无恶也。"立志行仁道的人,不会做坏事。如果还有做坏事的时候,还有起恶念的时候,就是还没有真正行仁。所以我们要检查自己有没有真正生起亲仁的志愿,如果真正有志于仁,立志行仁,那么时时刻刻都会检点,都会反省,用圣贤教育来反省自己。

不亲仁　无限害　小人进　百事坏

如果不亲近仁德的人,不亲近圣贤教育,就会有很多害处。古人讲"三日不读圣贤书,面目可憎"。那是古人,现在一日不读圣贤书就面目可憎了。一天如果不学习讨论圣贤的教育,烦恼习气就会起来,就又会造恶了。因此良师益友不可以远离,圣贤的经教不可以不学习。我们庆幸有高科技,有网络设备,我们在自己的电脑荧屏前,就可以一起学习讨论如何进德修业,切磋琢磨。即使是在这样的一种污染的社会里,我们也能够得到圣贤教育的喜乐。

如果不学习,不亲近良师益友,就会出现"小人进,百事坏"。何为小人?追求世间名闻利养,自私自利,胸无大志,对圣贤教育不想学习,这是小人。"小"是心量小,他的心量只有他自己。大人呢?心量大,心怀天下。心里装着宇宙一切的众生,没有自己,这样的大人是仁者。《易经》讲"方以类聚,物以群分"。我们如果不亲近仁者,则必定就在亲近小人了。人都是同类相聚的,我们如果不好学,不肯深入学习圣教,就与仁者越来越远,就会与小人相聚了,时间长了,自己不知不觉也成为小人了。我们要很警觉,亲近仁者还是亲近小人全在自己,这是从因上讲。

　　从果上讲，亲近仁者必定能够得到幸福人生，必定有成功事业，最后必定做圣、做贤。亲近小人则会懊恼，做人做得很失败，最后就堕落，结果是痛苦人生。所以第六章虽然很短，但是也非常重要，告诉我们不可一日远离良师益友，不可一日不读圣贤书。

第七篇　学文

　　第七篇"学文"，就是《论语》中的"余力学文"。《弟子规》前面"孝、悌、谨、信、爱众、亲仁"这六个方面的内容，都是让我们努力去落实，以达到提升自己，是力行方面。学文，就是要学习圣贤经典。学习了圣贤经典，我们力行就能有正确的方向，并不是有余力才学文，没有余力不学文也没有关系，不是这样讲。余力学文，是强调力行重要，而学文是帮助我们力行，因此文不可不学。

　　《朱子治家格言》讲，"子孙虽愚，经书不可不读。"这是说自己的儿孙虽然愚钝，但是也要让他们学习圣贤经典。力行帮助我们学文，学文帮助我们力行。我们用圣贤教育，指导我们生活、工作、处事、待人、接物，这是在力行；真正力行了，就会对圣贤的教诲又有新的悟处，又有更深入的体验。因此，学文和力行是相辅相成缺一不可的。力行是行门，学文是解门，解行并重。

　　学文，何谓"文"？《论语》里子贡曾经问孔子，"孔文子何以谓之'文'也。"子贡问孔子，孔文子为什么有文这个谥号？子曰，"敏而好学，不耻下问，是以谓之文也。"我们要明了什么是

"文"，孔子说是"敏而好学，不耻下问"。敏是聪明，资质很好。资质很好的人容易傲慢，许多人因聪明却不好学，认为自己了不起，不肯学习。聪明的人若能好学，孔子说，这是"文"。好学，对每一个人都重要。不耻下问是谦卑的态度，即使是学问道德比我们低下，或者是地位比我们低下的人，我们都能够虚心地向他们请教，有不耻下问谦卑好学的态度，才配称为文。如果只力行，不肯学文，最后是"任己见，昧理真"，自以为是，就违背了真道。

《中庸》讲，"好学近乎智，力行近乎仁，知耻近乎勇"。智，聪明智慧。好学的人就与智慧相近。力行的人，就与仁者相近。"知耻近乎勇"，知道羞耻就与勇于改过相差不远了。所以，好学帮助我们知耻，力行帮助我们改过。孔子讲，"十室之邑，必有忠信如丘者焉，不如丘之好学也。"孔子是圣人，圣人跟凡人不同的地方在哪里？孔子说，一个小城即使只有十个家庭（小城是邑），必定会有在忠信这方面品行如孔子的人（丘是孔子的名字），但是，不如孔子好学。如果有人像孔子那样忠信，力行得很好，但是不好学，也不能成为圣人。

不力行　但学文　长浮华　成何人

这是讲，如果我们对圣贤的教育不去力行，而只是学文章中的词句，甚至讲得头头是道，但是自己做不到，那就是"长浮华，成何人"。这句话批评得很不客气，只学文不力行，增长的不是道德学问，而是浮华之气。就会变得傲慢，变得夸夸其谈，古人批评这样的人是伪君子。

现在很多家长，就是只注重孩子学校的成绩分数，没有注重孩子的品行教育。结果孩子成绩越好，傲慢越重，浮华之气越严重，他的品德越亏缺。菲律宾一家华人报纸曾经报道过一个例子，一个华人孩子，读书成绩非常优秀，老师也很喜欢他。可是有一天，当这位老师走到校门口，看到这个学生正对着一位年长的妇女，在那里大声吼叫，上前一问才知道，原来这位年长的妇女是这个学生的母亲。这位母亲知道孩子在学校得了感冒，特地送药来，结果这个学生竟然对他母亲大吼大叫。事后老师问他为什么要这么做，学生老实承认，说因为怕自己母亲来学校，同学看见了会笑话他："你家老奶奶怎么来了？"因为他母亲看起来比较衰老，他不愿意让他母亲被人看见，觉得这样会丢面子。只有好的学习成绩而没有优秀人格，就会有这样的浮华之气。

一个人，孝都没有了，他何以成人？《孟子》讲"与禽兽何异"？品德的提升比什么都重要，不可以只学文，不力行。学文，如今的学校也都不注重传统的教育，连学文都没有了，只学点科技常识，我们的下一代怎么可能成为对社会有用的人？因此恢复传统文化教育，恢复伦理道德教育，这是当务之急。

但力行　不学文　任己见　昧理真

这是讲，如果只力行，而不去学习圣贤教诲，就会变得自以为是。执著自己的见解，就违背了真道、真理。"昧"，是头脑不清楚、糊涂。子曰,"我非生而知之者。好古,敏以求之者也。"孔子说,"我不是生而知之,不是天生下来就懂得圣贤教育的,是因为我学习古人的教诲,而且能够很快速地学习。"

读书法 有三到 心眼口 信皆要

这是讲,读书要三到,心到、眼到、口到。这是告诉我们学习要集中精神,不可以开小差,要专注。专注才能够深入领会经文的意思。古人从小培养孩子专注的方法,就是让孩子背书,背书精神就集中。现在的孩子看电视、玩电脑、打游戏,精神不专注,读书怎么能好?读书的时候,眼睛看着,口念着,这样读书才能够入心,才有效果。"信皆要","信",是要有信心,有信心,成圣成贤。有了信心,也会有耐心学习。

方读此 勿慕彼 此未终 彼勿起

这是讲,学习一定要按部就班,一本书要从头到尾读完,再开始第二本。不要看着这本想着那本,这样就会搞乱。能够注重方法来学习,他成功就快。我读了《弟子规》这一段,就用在我的教学当中,我在昆士兰大学带博士生只有两个,因为贵精不贵多,要选择真正好学的人。跟我学习的博士生,我规定说:"我给你的这些论文资料,规定读的你就读,没有规定你读的,你不要去看。读一篇论文,要把它读透。"我要求他们读一篇论文,要读十遍,不仅真正读懂,而且给你这些金融数据,你要能够完全照着论文所说的方法把它重新做出来。要有这种领会的深度,才算把这篇文章读懂了。因此我给他们选择一个领域,让他们就读这个领域里主要的论文,他们把这些论文读懂了以后,其他的就能触类旁通,一通百通,效果很好。曾经有一个学生,跟了我半年,写了一篇论文,发表在亚洲金融会议上面,获得了会议的最佳论文奖,效果真不错。

很多博士生读读这篇,读读那篇,读的论文很多,知道得很多,但是篇篇都不通、不透。功夫不扎实,学问就比较浅,因此我要求我的博士生一篇论文,读懂了之后,才开第二篇。这些古圣先贤的教诲,对于我们学习现代的科技,也是很值得借鉴的。至于读圣贤书,更应该如此。

宽为限　紧用功　工夫到　滞塞通

这是讲,我们读书不要把期限限得太紧,要"宽为限"。虽然心里没有压力,但是工夫要用得紧,要努力,真正用工夫了,我们对于圣贤教诲的很多问题就会迎刃而解。我有一次去见师长,师长虽然是82岁了,也每天都读书,而且不会少于四个小时。有一次,我到了他住的地方,从书架上拿了一本《宗镜录》。这本书很厚,我翻开来,就发现师长在书上做了一些眉注,还有一些画线的重点部分,甚至有一些是用荧光笔划的,并且在书的上下左右的边页,都写了一些心得。读书读得这么认真,我就请教师长说:

"像您这样读这么厚的书,要多少时间?"师长笑着说:"慢慢看吧。每天都去看,关键是要去领悟。""宽为限,紧用功",朱熹曾经说过"读书千遍,其义自见"。一本书反复地看,反复地用功,其中的意思就能够渐渐明了。

心有疑　随札记　就人问　求确义

这是讲,读书的时候,心里如果有疑惑,要马上把问题记下来,求教于人,这是认真学习的态度。

房室清　墙壁净　几案洁　笔砚正

这是讲,我们的房间,书房、卧房,都要保持清洁,要整齐干净。房间要常常打扫,常常擦擦灰尘,给自己创造一个良好的读书环境。茶几、书桌,都要干净。桌面上的笔墨纸砚、文房四宝要摆放整齐,这是培养我们的恭敬心。如果我们心恭敬,自然房室、墙壁、文具都会正。看到有摆放不正的物品,我们自自然然把它扶正,要从一点一滴的小事上来培养自己的恭敬心态。

墨磨偏　心不端　字不敬　心先病

古人写字是用毛笔,磨墨,如果磨偏了,那是心不在焉,心不正。如果字写得不工整,就是心有病了,不敬的病。这是从我们日常的行为当中，看我们自己的心态。因此心要正，心要净。古人讲"修身从正心开始"，学问也是从正心开始。《大学》讲，"所谓修身在正其心者。身有所忿懥，则不得其正；有所恐惧，则不得其正；有所好乐，则不得其正；有所忧患，则不得其正。"心一定要空明，要清净。如果心里面很多复杂的念头，比如愤恨、恐惧、贪爱、忧患等等，这些念头积郁在心里，这个心就不正了。心不正就不专注，因此才会有所谓"墨磨偏"、"字不敬"这些毛病出现。要修正我们的行为，首先要从修正自己的心开始。要把妄念统统放下，把自己的心空出来，接受圣贤的教诲。

列典籍　有定处　读看毕　还原处

这是讲，书要摆在一定的位置，我们看完了必定把它放回原处，不能乱放。很多人读书，读完了，随便就把它放在一处，结果东一本西一本，到处都摆满了书，他很难学到东西。因为他的心乱，心不静，就很难接受大法。曾国藩先生曾经说"案头不可多书，心中不可少书"。桌面的书不可以多，看哪一本就放哪一本，不看的我们要把它放在书架上，放在原位，整整齐齐，恭恭敬敬，这才是治学的态度。心中有书，学问就多了。

虽有急　卷束齐

即使在有急事的时候，也要养成看完书，顺手把它合上，放回书架的习惯。这种习惯养成了，其实耽误不了什么时间，而且更能够帮助你收到好的效果。因为样样都有位置，都很整齐，一旦要什么书，马上知道从哪里拿，不会乱，其实更省时间。而且更重要的是培养安详的态度，安详的态度少出错误，也省时间。吕近溪先生就曾经说过，"一切言动，都要安详，十差九错只为慌张。"如果心不安详，行动慌慌张张，急急忙忙，就会出错。《弟子规》讲"事勿忙，忙多错"。一个有深厚学问的人，行为态度都安详，这是平时练就的功夫。

有缺坏　就补之

这是讲对书的爱护。古代印刷术不发达，一本书来之不易。如果书有缺损，就一定把损坏的地方补好，这是对书的恭敬。对书的恭敬，就是对圣贤教育的恭敬，尊师重道。这句话引申的意思，不仅要爱护有形的书，也要爱护无形的书。何谓无形的书？圣贤的教诲，是书中所载的道理。我们有没有爱护圣贤教育，首先看看自己是不是依教奉行了？有没有按照圣贤的教诲，常常反省自己、检点自己，改过迁善？如果自己有不足，"就补之"，就马上把它改正过来。圣贤书籍是用来对照我们心行的，哪一点不符合圣贤教育，马上要把它改过来，这叫补过。自己能够力行圣贤教诲，就能感化别人。如果能够去弘扬，为人讲演圣贤教育，那就更好，真的是为现代社会补上缺漏。圣贤教育现在到了极其衰微的程度，大众又极需要，那我们就要补上，马上"就补之"，方法就是自行化他，自己力行，教化别人。

非圣书　屏勿视　蔽聪明　坏心志

　　这是讲，不是圣贤的典籍我们不要看。包括一切不善的书，那些教我们杀盗淫妄的小说、报章、杂志，那些不良的内容，不健康的东西，还有电视的节目，现在网络的内容、画面，所有不是帮助我们进德修业的，都是"非圣书"，统统都摒弃不看。因为那些东西会蒙蔽我们的智慧，会把我们的心志都搞坏了。

　　有识之士应该大声疾呼，发动一切力量，尤其是政府，来管理这些主导思想意识形态的阵地。那些暴力、色情等等不健康的书籍、节目、电影、电视都应该制止。保护百姓的心志，这个"屏"字很重要。目前只有自己要懂得去"屏"，我们自己不去接触那些东西，存好心，说好话，行好事，做好人。

勿自暴　勿自弃　圣与贤　可驯致

　　这是全文的小结和劝导。"孟子道性善，言必称尧舜。"孟子是圣人，他对我们讲人性本善，常常用尧舜来做例子，告诉我们"人皆可以为尧舜"，也就是说，人人本有本善。本善，孟子说了四个方面，他讲，"恻隐之心人皆有之，羞恶之心人皆有之，恭敬之心人皆有之，是非之心人皆有之。"这恻隐之心，就是仁爱之心的开端。他又讲，"无恻隐之心，非人也；无羞恶之心，非人也；无辞让之心，非人也；无是非之心，非人也。"说明凡为人，必定会有这些德行，这些德行是本性中自然而然就有的。恻隐之心是"仁之端也"，羞恶之心是义之端，辞让之心是礼之端，是非之心是"智之端也"。"人之有是四端也，犹其有四体也。"

这四端，恻隐心、羞耻心、辞让心、是非心，是人的四个本善的开端。就像四肢一样，"有是四端而自谓不能者，自贼者也"。这就讲得很清楚，我们本性本善就有，但是却说自己不能够做出善行，这是自暴自弃。因为本性上我们与圣贤无二无别，所以有信心，要发愿做圣贤。"理可顿悟，事须渐修。"明白道理之后，要慢慢按部就班地去做，就是"可驯致"。"驯"，是慢慢地改造自己，把自己不良的行为、习气、烦恼统统改过来，最后都改掉了，就成为圣贤了。

《弟子规》教导我们的，如果我们真正能去落实，那么幸福的人生、成功的事业，甚至做圣、做贤都可以成就。